MEISHAN
ZHIJIAO TANSUO (2021NIAN)

眉山职教探索（2021年）

眉山职业技术学院 编

西南财经大学出版社
中国·成都

图书在版编目(CIP)数据

眉山职教探索.2021年/眉山职业技术学院编 .—成都：西南财经大学出版社，2021.11
ISBN 978-7-5504-5102-5

Ⅰ.①眉… Ⅱ.①眉… Ⅲ.①高等职业教育—文集 Ⅳ.①G718.5-53

中国版本图书馆 CIP 数据核字(2021)第 209631 号

眉山职教探索(2021年)
眉山职业技术学院 编

总 策 划:李玉斗
策划编辑:肖翀
责任编辑:肖翀
责任校对:周晓琬
封面设计:张姗姗
责任印制:朱曼丽

出版发行	西南财经大学出版社(四川省成都市光华村街55号)
网 址	http://cbs.swufe.edu.cn
电子邮件	bookcj@swufe.edu.cn
邮政编码	610074
电 话	028-87353785
照 排	四川胜翔数码印务设计有限公司
印 刷	郫县犀浦印刷厂
成品尺寸	170mm×240mm
印 张	16.5
字 数	237千字
版 次	2021年11月第1版
印 次	2021年11月第1次印刷
书 号	ISBN 978-7-5504-5102-5
定 价	98.00元

前　言

眉山职业技术学院是四川省眉山市人民政府创办的全日制普通高等学校。眉山职业技术学院于2012年通过高职高专人才培养工作评估，2017年建成省级示范性高等职业院校，2019年增挂眉山技师学院牌子，2021年被中华人民共和国农业农村部、教育部评定为乡村振兴人才培养优质校，被四川省教育厅评为双高建设培育单位。同时，其也是教育部现代学徒制试点学校、四川省依法治校示范学校、四川省高技能人才培训基地、四川省现代农业技术培训基地、眉山市职教集团理事长单位、四川省社会科学院眉山分院共建单位、中国现代农业职教集团副理事长单位、中国现代畜牧业职教集团副理事长单位、眉山市家庭教育研究指导中心牵头单位。

眉山职业技术学院办学历史悠久，为川南地区甚至全川培养了一大批教育教学、农业技术、工程技术和商贸旅游等领域的专业人才，为区域经济社会发展提供了许多有价值的科研成果和教研成果，为眉山市的发展积极建言献策，深受广大学生、家长和社会各界的好评。为适应现代高等职业教育发展需要，学校以建设高水平现代化职业技术大学为目标，坚持立德树人，以培养德艺双馨的高素质、高技术技能人才和服务地方经济社会发展为己任，将教育研究、科学研究、技术研发转化等工作摆到日益重要的地位，以高质量的研究成果支持高水平人才培养，推动科技创新及其成果转化。

本次编写《眉山职教探索（2021年）》旨在搭建眉山高等职业教育学习研究和交流的平台，展示本校科研成果，抛砖引玉，吸引更多高水平的教育专家和科研专家共同研究和交流，推动高等职业教育高质量发展。

编者

2021年8月

目 录 CONTENTS

第一章　教育教学

003/ 创新思想政治育人体系的策略与途径

黎维红

011/ 微观视角下的“课程思政”

——情感目标的确定与落实

朱冬梅　冯　涛　熊淑英

023/ 现代职教理念在“思想道德修养与法律基础”课程中的运用研究

赵玉兰

031/ 高职院校信息技术课程思政建设路径初探

陶俊辉

039/ 明确活动结构，改善学习效果

——导入新课的基本结构

冯　涛

048/ 论高职口语课程建设的三条途径

张　民

056/ 高职幼儿教师口语技能训练策略研究

李　梅

063/ 小学教育专业学生故事讲述技能训练策略探讨

伍成艳

070/ 高职院校学前教育专业学生的儿童文学素养提升略谈

王甜然

077/ 体育课程在实现职业教育人才培养目标中的价值

于海平

084/ 现代职教理念在会计基础教学中的运用

何　叶

090/ 高校思想政治理论课程中新媒体应用的意义及策略

——以“思想道德修养与法律基础”课程为例

鲁　立

目 录 CONTENTS

098/ 师范专科大一新生对教师资格考试的态度和看法的研究
曾 华

105/ "几何画板"在高等数学课堂教学中的应用研究
周 锐 李建华

第二章 技术研究与应用

117/ 纯电动厢式运输车动力匹配设计及仿真测试研究
谭仕发

128/ 激光琴的设计与制作
甘小梅 吴梦粒

140/ 汽车空调系统典型故障分析与排除
——以 2005 款广汽本田雅阁 2.4L 汽车为例
陶 非

148/ 世界技能大赛数控车样题加工浅析
周家领

165/ 饲料禁抗对养殖业的影响及对策
王冬群

174/ 化学保鲜剂在柑橘保鲜中的应用探讨及展望

陈婷婷

184/ 眉山平坝区稻鸭种养结合技术探讨

刘长江

第三章　专题研究

195/ 试论“好学校”

王其红

201/ 眉山市三苏文化旅游对外传播现状研究

罗惠扬

213/ 东坡竹文化在眉山城市景观营造中的应用初探

李　义　杨俊辉　张　民　侯庆莉

221/ 导游讲解在政务接待中的探索
——以眉山樱花节为例

杨惠焜

231/ 眉山文化旅游资源探析

赵兴伦　雷徐姚

目 录 CONTENTS

239/ 高职学生专业心理求助污名现状研究
——以眉山职业技术学院为例
罗利爽
248/ 正面管教在中职学生管理中的应用研究
李卓桃

第一章

教育教学

创新思想政治育人体系的策略与途径

黎维红

摘　要

本研究旨在进一步贯彻落实全国高校思想政治工作会议和中共中央、国务院印发的《关于加强和改进新形势下高校思想政治工作的意见》的精神，构建思想教育育人机制，挖掘思想教育育人资源，对标思想教育育人短板，打造思想教育育人特色，加强思想教育队伍建设，强化思想教育育人考核，着力构建学校内容完善、标准健全、运行科学、保障有力、成效显著的育人体系，全面推进学校立德树人工作。

关键词

思想政治；学生；育人体系；策略

习近平总书记在全国高校思想政治工作会议上强调，要坚持把立德树人作为中心环节，把思想政治工作贯穿教育教学全过程，实现全程育人、全方位育人，努力开创我国高等教育事业发展新局面。2017年12月6日，中共教育部党组印发《高校思想政治工作质量提升工程实施纲要》（以下简称《纲要》），提出高校要将思想价值引领贯穿教育教学全过程和各环节，形成课程育人、科研育人、实践育人、文化育人、网络育人、心理育人、管理育人、服务育人、资助育人、组织育人的质量提升长效机制，切实构建“十大”育人体系。构建内容完善、标准健全、运行科学、保障有力、成效显著的育人体系，成为高校学生思想政治教育工作中的重要课题。

一、构建育人体系存在的主要问题

（一）育人主体协同不到位

《纲要》内容丰富，基本涵盖了高校思想政治教育工作的方方面面，思想政治理论课、学生管理部门是高校思想政治工作的第一战线，资助中心、党团部门、管理部门、后勤部门等是高校思想政治工作的重要组成部门。为了构建

“十大”育人体系，有的高校会将“十大”育人内容分开实施，形成十个方案，再分给不同部门和负责人，导致整个育人体系内部不融洽，育人目标协同不一致，形成各自为政、各行其是的工作状态，无法形成一体化的育人体系。

（二）育人机制体制不健全

“十大”育人体系的构建工作纷繁复杂，涉及人员、部门众多，因此要明确任务、目标，严格考核责任。一是在对思想政治工作队伍的考核方面还不够规范，特别是对学生管理岗位外的思想政治工作者，尤其是领导干部，无法做出科学的评价，育人考核更是存在大片空白；过程考核不够全面，只针对期末或是年度来进行考核，而思想政治工作是一项贯穿全时段的任务，这就导致很多人员或是部门出现期中懒散、期末赶工的不良局面。二是存在育人氛围还未完全营造，家庭教育未能与学校教育进行良好的对接等问题。

（三）育人资源供给不充分

学生思想政治工作需要通过活动载体实施，活动载体需要资源来落实。高校“十大”育人体系在供给资源的开发和载体资源的运用上还存在队伍配置不足，场地、设备缺乏，基地建设不充分，地方特色挖掘不够等问题。

二、创新育人体系的基本原则

（一）坚持育人导向，突出价值引领

统筹人才培养、教育过程、教学环节中的育人资源和育人力量，注重常规教育与理想信念教育，世界观、人生观、价值观教育，社会主义核心价值观教育及公民意识教育相结合，形成育人长效机制。

（二）坚持遵循规律，突出育人创新

遵循德育工作规律、教学规律和学生成长成才规律，掌握学生思想动态，

创新德育工作方法，丰富德育工作载体。

（三）坚持问题关注，突出精准施策

坚持德育工作与国家“十四五”规划、“双高”建设、“综合改革”重点工作相结合，突出学生心理育人、课程思政等重点任务管理，强化因人施管、管教相融。

（四）坚持协同育人，突出考核落实

强化“1+N”德育共建体系，着力“一体多元”协同育人格局，突出“三级量化”考核，增强德育工作的实效性和针对性。

三、创新育人体系的策略与途径

（一）构建思想政治教育育人机制

构建由学校、家庭、社会、学生组成的“四位一体”全员育人机制及其协同融合体系，统筹学校、家庭、社会等阵地，充分发挥学校育人主渠道作用，形成全员育人机制。学校要完善党委顶层决策机制，把立德树人作为根本任务，构建党委领导、党政工团齐抓共管，部门系部具体负责的“1+N”育人共建体系；教学单位、职能部门要挖掘各部门服务学生的育人功能，制定各部门服务育人职责要求，形成全方位、立体的服务育人体系。同时，完善家校协同育人方案，建立学校、家长定期联系沟通机制，搭建家校合作、共同培养学生良好习惯的交流平台；建立学生心理档案，通过问卷调查、家访了解、来校咨询等多种形式，针对每个学生家庭现状进行专题调研，增强引领家庭教育的针对性和有效性。广泛利用社会资源，建立优秀毕业生、优秀校友、社会名人资源库，建立定期座谈、分享机制。突出学生干部育人功效，加大学生干部管理力度，按照学校的学生会、共青团改革实施方案完善学生干部选拔、管理、考核机制，

发挥学生自我教育、自我管理、自我服务、自我监督的育人功能的作用。

（二）挖掘思想政治教育育人资源

高校各种优质教育资源严重不足是短期无法改变的事实，学校要统筹校内各种资源，统一调配、统一管理，减少资源严重浪费、资源重复建设、资源不能共享等突出问题，充分挖掘、整合、优化有限的财力、物力、人力等教育资源。校内不够校外补：一是发挥教学实习见习基地育人的功能，建立教学能力提升和思想教育“双基地”；二是拓展校外教育实践平台，在眉山各区县建立教育实践基地；三是挖掘校友资源潜力，发挥优秀毕业生、优秀校友、社会名人协同育人的功能。

（三）对标思想政治教育育人体系补齐短板

《纲要》明确提出，高校要形成“全员全过程全方位”一体化育人格局，构建课程育人、科研育人、实践育人、文化育人、网络育人、心理育人、管理育人、服务育人、资助育人、组织育人的“十大”育人体系。学校育人体系总体健全，但还具有一定短板，需要花力气、花功夫去强化。一是心理育人功效发挥不够。首先要强化心理健康教育中心管理职责，建立“中心—辅导员—班级心理委员—寝室安全员”四级预警防控体系，制订心理危机干预工作预案，建立转介诊疗机制；其次要充分发挥心理健康咨询服务功能，定期开展心理测试，做好心理问题学生排查，开展辅导员、心理委员、寝室安全员心理健康培训，组织心理健康讲座，开展学生心理健康团体辅导；最后要开辟学生心理舒缓渠道，组织心理素质拓展活动，创新心理健康宣传途径。二是网络育人缺乏实效。不仅要培养网络管理队伍，加强校园网络文化队伍的选拔、培养、管理，将优质学习资源，国家理论、政策、法规学习和学生热点、难点问题解答等内容与学生日常生活相结合，强化网络思想教育意识；还要加强网络管理，培养学生网络素养，强化专题教育网站备案制、信息发布审查制、网络舆情监管制、突发舆情处置报告制。

（四）打造思想政治教育育人特色

高校育人体系需形成“一校一特色”，如笔者所在学校地处眉山三苏故里，人文底蕴深厚，因此，学校可以结合眉山三苏故里的天然优势，将东坡文化融入学校文化育人特色。一是要坚持东坡文化环境育人，结合校园建设规划，将东坡文化洒满校园，注入一草一木、一物一景，通过建设特色人文景观，如在墙上悬挂东坡经典诗篇，在宣传栏内展示“三苏”事迹及作品，使学生时时刻刻接受东坡文化的熏陶、感染。二是要坚持将东坡文化融入教学，将学校编写的东坡文化读本纳入选修课教学计划，充分发挥学科教学主渠道作用，引导教师注重挖掘学科教学中蕴含的东坡文化元素，在传授学科知识的同时，使东坡文化逐层渗透；还要坚持发挥晨读功效，让三苏文化读本的读书声响彻校园，为大学生的成长注入重要而深远的影响力，达到修身、正礼、育人的目的。三是坚持将东坡文化融入活动，把东坡文化教育与主题活动融合在一起，利用班会、团日活动举办读书知识竞赛、图片及歌曲欣赏、话剧演出等活动，营造人人参与的东坡文化活动氛围。通过开展“中华经典诵读比赛”“中华汉字书写大赛”“读‘苏’心得交流”等活动，让师生体味东坡文化的无穷魅力，达到传承中华文化、陶冶性情品德、推进素质教育的目的。

（五）加强思想政治教育队伍建设

开展全员全方位全过程的思想政治教育。首先，要打造一支以辅导员为主体的政治强、作风正、纪律严、业务精的专职育人管理队伍。一是严格按照1∶200的师生比配齐、配足专职辅导员，严把辅导员“入口关”，不适宜辅导员岗位的人员坚决不用；二是要完善辅导员职业发展体系，建立辅导员职称、职级“双线”晋升机制，建设名辅导员工作室，开展辅导员职业能力培训和辅导员素质能力大赛，制定校外辅导员、兼职班主任的选拔、管理、考核管理办法。其次，以专任教师为主体，打造专任教师、思政理论课教师和实训课教师“三师合一”的课堂育人队伍，按照“四有”好老师要求，落实政治理论学习、培训轮训、实践锻炼等制度，建立班级“导师制”，每班配设生活指导导师、实习就业指导导师各一名。最后，要着力打造一支讲政治、讲纪律、讲担当的学生干部队伍，强化学生干部选举程序，从基本素质、能力水平、工作实绩、品德表现四个方面细化考核标准，落实学生干部奖惩办法，强化学生自我育人功能。

（六）强化思想政治教育育人考核

健全思想政治工作质量评价体系，制定评价指标，创新评价方式，把贯彻落实高校思政会精神纳入学校德育中长期整体发展规划和年度工作要点，作为部门目标考核、领导干部考核的重要指标；完善学校党建和宣传思想工作考核指标体系，把思想政治表现和课堂教学质量作为教师年度考核、职务（职称）评聘、评优奖励的首要标准；完善教学质量评价和科研评价标准，建立教师教学质量评价体系；修订完善学生德育量化考核办法，将考核成绩作为学生评先选优、推优入党、奖助学金评定的重要依据。

参考文献

黄爱国，2013. 新时期大学生思想政治教育的新途径研究［J］. 西北民族大学学报（哲学社会科学版），2：169-174.

梁金霞，2006. 大学生思想政治教育热点问题研究［M］. 济南：山东大学出版社。

新华社. 中共中央 国务院印发《关于加强和改进新形势下高校思想政治工

作的意见》［EB/OL］.（2017-02-27）［2021-01-02］. http://www.gov.cn/xinwen/2017-02/27/content_5182502.htm.

中共教育部党组. 高校思想政治工作质量提升工程实施纲要［EB/OL］.（2017-12-05）［2021-01-02］. http://www.moe.gov.cn/srcsite/A12/s7060/201712/t20171206_320698.htm.

微观视角下的“课程思政”
——情感目标的确定与落实

朱冬梅　冯　涛　熊淑英

摘　要

推进课程思政是当前职业教育的热点和发展趋势，学校要实现全员、全过程、全课程“课程思政”的宏观布局，就必然要将课程思政落实在每门课程教学的微观层面上。从微观视角即课程教学来看，课程思政就是教师在课程整体设计的基础上，认真地确定每一次课的情感目标（或称素质目标），并落实于知识获得、能力形成的教学活动中，以实现教书育人的根本任务。

关键词

课程思政；情感目标；思想性和科学性统一原则

推进课程思政，是当前职业教育的热点和发展趋势。学校顶层设计要构建全员、全过程、全课程育人格局，将各类课程与思想政治理论课程同向同行，形成协同效应，以实现“立德树人”的根本目标。学校的宏观育人格局要具体到各专业各课程的人才培养方案、课程标准、课程整体设计中。课程思政进入课程实施领域时，必然还要由教师进行再设计。从微观视角即课程教学来看，课程思政就是教师在课程整体设计的基础上，认真地确定每一次课的情感目标（或称素质目标），并落实于知识获得、能力形成的教学活动中，以实现教书育人的根本目标，培养德才兼备、全面发展的社会主义事业的建设者和接班人。

一、情感目标的价值取向

目前，国内外学者一般认为完整的课程目标应当包括认知领域、情感领域、动作技能领域三个部分，每个领域又可进行更详细的区分。因此，教学的预期目标包括知识目标、能力目标、情感目标三个方面，它们共同构建全面育人的框架。情感目标的内涵丰富，体现为思想政治素养、人文素养、职业操守、人格素养等，主要包括情感、态度、价值观三大要素，涉及学生在教学活动中的感情、内心体验、需要、愿望、价值追求等一系列心理活动和心理现象。情感目标与知识目标、能力目标相比，在课程与教学目标价值取向类型上是有一定差异的，这种差异会影响教师教学设计与实施的自觉性与主动性，以及教师教学反思的意识。

美国课程理论专家舒伯特（W. H. Schubert）研究发现，典型的课程目标价值取向有四种类型。

1. “普遍性目标”取向

“普遍性目标”是用一般的教育宗旨或原则来表述课程与教学目标，在目标内涵上比较模糊、笼统，适用于所有课程、所有教育实践。这种目标取向缺乏针对性、明确性、可操作性，在我国传统教育中很常见。

2. “行为目标”取向

“行为目标”是以具体的、可操作的形式陈述学生在某段教学活动结束后其身上发生的行为变化。其特点是具体、可操作、可检测。知识与技能目标偏向于“行为目标”，解决学生懂不懂、会不会的问题，属于“真”的范畴。

3. “生成性目标”取向

“生成性目标”可以追溯到美国教育家杜威（John Dewey）的教育无目的论，他认为教育目的是教育过程中内在的、被决定的，而不是外在于过程之外的。因而单靠教师的灌输、讲解，在目标的实现上价值不大。“生成性目标”是在教育情境中随着教育过程的展开而自然生成的，它关注的不是外部事先规定的目标，而是根据教育的实际进程而产生的相应目标；它是教育情境的产物和问题解决的结果，是学生“亲历”和参与中的感悟、体验和经验，情境性、过程性是其特征。脱离了教学情境与体验的思想政治教育，好比隔靴搔痒，把教学与教育分而治之。

4. “表现性目标”取向

“表现性目标”是指每一个学生在具体教育情境的种种“际遇”中产生的个性化的创造性表现。它关注的不是学生反应的一致性，而是反应的多元化。它尊重学生的差异，指向人的个性健全和创造性发展。学生在课堂上的情绪情感、个性表现亦是实施情感教育的重要资源。

二、情感目标的确定角度

教学的知识目标、能力目标、情感目标是不可分割的整体，情感目标是在获得知识、形成能力的过程中实现的。因此，教师创编教学情境、设计教学活动要充分发挥其教育价值和发展价值，把情境与活动中的人文、思想、政治、道德、审美等情感、态度、价值观因素都发掘出来，在“结合渗透”上下功夫。怎样预设、提炼情感目标，使之水乳交融地结合在一起呢？

1. 从知识与能力目标中提炼

【案例1】① 课题：FABE模式运用练习

知识目标：掌握FABE模式的步骤与要点。

能力目标：能够比较准确地应用FABE模式进行产品介绍。

情感目标：诚实守信。

学生（推销员角色）要按照FABE法则，从特征、优点、利益、证据四方面介绍自己熟悉的产品，在产品介绍中要做到诚实守信，不浮夸、不造假。本次课程的知识目标、能力目标与职业活动紧密联系，因为职业态度、职业思维习惯、职业角色意识、职业道德与法制、职业者的核心素养等，往往都蕴含在职业活动中。案例1根据教学内容的知识目标和能力目标要求，提炼出相关职业活动应具有的职业素养，并将其作为情感目标。

---

① 案例1、案例2、案例3、案例4、案例5，均来自眉山职业技术学院“一师两查”“一师两赛”。

有些教学内容，通过语言文字、直观形象表达出能让人直接感受的情感因素。即使是一些政论性内容，也融入了作者情感，有一定情感倾向，或者有一个基本态度和立场。抓住教学内容的情感因素并提炼出情感目标，在教学中展示给学生，可以发挥情感的信号功能与感染功能的作用，激起学生对真善美的追求。相应地，教学内容的处理可以使用展示情感的策略。

2. 从教学素材中提炼

【案例 2】课题：管理概述

知识目标：知道管理的对象，了解管理者应具备的素质，掌握管理的过程和方式。

能力目标：能初步运用管理的对象、过程和方式，分析生活、学习和工作中遇到的问题。

情感目标：初步树立科学管理意识，感受中国的社会主义制度在疫情管理中的优越性。

树立管理意识来自教学内容，感受中国社会主义制度的优越性来自教学活动中所使用的素材。教师选用社会热点新冠肺炎疫情管理相关视频为主要案例，分析管理的对象与过程。这些案例无不富含情感教育的价值，教师可以从这类案例中提炼出不同的情感目标。相应地，教学内容的处理可以用发掘情感的策略，尽可能地展示出教学内容中的隐性情感因素，使学生获得相应的情感体验，实现情感的迁移功能。

3. 从活动组织中提炼

【案例 3】课题：陶行知的学前教育理论与实践

知识日标：掌握陶行知“生活教育”理论，理解陶行知的学前教育理论与实践，理解陶行知的“爱国情怀”。

能力目标：能够通过小组合作收集资料，制作 PPT，展示与分享陶行知的教育思想；能够从陶行知的学前教育理论与实践中获得启示，反思与指导当前的学前教育思想与实践。

情感目标：具有小组合作、自主学习与研讨的习惯；具有以史为鉴的学习意识。

交流与沟通、合作与竞争、信息收集与处理是现代人在现代生产与生活中必不可少的核心素养。小组合作学习等学习活动可以培养学生尊重的意识、合作的态度以及互帮互助、自律自控等现代人的素质。课堂教学行为，如讲授与倾听、对话与交流、展示与评价、合作与竞争、探究与实验等，都可以挖掘出“学会做人”“学会做事”“学会合作”“学会生存”的意义与价值。

4. 结合教师的情感经验来提炼

有些教学内容完全反映客观事实及其规律，本身不含有情感因素，教师可以结合自己的情感经验，从情感维度加工处理教学内容，或诱发一定的情感体验，或赋予一定的情感色彩，使教学内容在呈现过程中发挥感染、熏陶学生的积极作用。

教学中丰富而复杂的情感性因素主要有三个来源：教师情感、学生情感和教材内容中的情感。教师要对教材内容进行情感性加工，就要进入每个知识点、技能点、教学素材的深处，去寻找、去提炼、去赋予那些可能触及人的灵魂、涉及人的价值以及进入人的情感生活的东西，以自身情感唤起学生情感，启发学生去感受、体悟、反思。

三、情感目标的落实

目标是教学策略结构的核心要素，一定的教学策略总是针对一定的教学目标，并尽量满足教学目标所提出的要求。2020年秋季学期眉山职业技术学院“一师两赛”作品，在情感目标的确定上亮点频出，教学策略亦围绕目标突出学生主体，但对照相应的课堂教学视频，情感目标达成效果却参差不齐。为什么会出现这种情况？怎样改进？笔者认为情感目标首先要在教学活动的设计中落实，以明确的设计指导实践。

（一）把情感目标落实在教学活动的设计中

在教学过程的设计里，有关情感目标的内容，往往以下例方式出现。

【案例4】课题：管理概述

教学目标：（见案例2）。

教学环节：新知探究。

管理对象：人、财、物、时间、信息。

师生活动：

1. 联系生活，初探管理对象

从学生的生活实际入手，询问学生对管理对象的认识。

问题：你家里谁说了算？说了算的人主要管些什么呢？管理的对象有哪些？

预设：学生一般能说出人、财、物三个管理对象，而易忽略时间、信息这两个管理对象。

2. 出示案例，明确管理对象

（1）展示“中国抗疫阻击战”两段视频，提出问题，帮助学生全面认识管理对象。

问题：从视频片段来看，管理对象还有哪些？

（2）教师引导学生总结管理对象。

设计意图：联系生活，激发兴趣。促进学生联系实际，把生活经验理论化。结合社会热点，帮助学生全面、直观地认识管理对象，感受中国在疫情管理方面的科学高效。

许多教师在“设计意图”里清楚表达了某段教学活动在引导学生理解知识、训练能力的过程中要实现情感熏陶的意图。但教师上课时是否清楚传递了这些信息？学生是否能感受到、领悟到？能否在“师生活动”中既增加落实情感目标的相关设计，又不“喧宾夺主”？

【案例5】课题：教学评价

原教学活动：

判断下列情形属于何种教学评价？其分类的依据是什么？（认知操作）

情境1：摸底考试、单元考试、期末考试；会考、高考。

情境2：小王和小李是同班同学。数学单元考试，小王考了97分，小李考了87分。同学们私下议论说：“小王肯定又是第一，小李估计排在十几名吧！”

情境3：数学期末考试，小王考了97分，班上排名第一；小李考了87分，班上排名第十。小王的妈妈高兴地说：“小王的数学进步很大！”小李的妈妈失望地说：“小李的数学能有小王那样好就好了！”

修改后的教学活动：

妈妈：小明，这次数学单元考试，你考得怎么样？

小明：（高兴地）妈妈，我进步了，比上次高了10分！我想吃肯德基。

妈妈：考了多少分？

小明：75分。

妈妈：才75分！你同桌的小红考了多少？

小明：小红是学霸嘛，又考了满分。

妈妈：你什么时候才能像小红那样考个满分啊！

小明：（无精打采地）……

问题1：在上述情境里，有哪些类型的评价？其分类依据是什么？（认知操作）

问题2：妈妈的评价关注的是什么？如果你是小明，你希望得到怎样的评价？（评价观）

问题3：对你（未来的教师）有何启示？（教育态度、教育机制）

1. 重视教学活动的情感设计，做到情理交融

学生对教学内容的认知是课程学习的基本心理过程，教师很重视对课程内

容的认知性加工，教学活动的设计往往集中在感知、记忆、想象、思维等认知活动上。案例5原教学活动的三个情境，比较全面地覆盖了教学评价的常见类型，要求学生进行判断说明的认知操作。修改后的情境突出了孩子的情绪表现，让学生能感同身受，设问意图强调学生在认知操作的基础上形成教师职业所需要的教育态度、教育理念和机敏品质，使教学活动成为学生的生命成长过程，即知、情、意整体发展的过程。

2. 设计简洁的教学语言，做到无声渗透与有声强化相结合

有的教学内容具有强烈的情感态度和价值观倾向，蕴含丰富的道德因素，情感目标作为教学重点，需设计相应的教学活动，作为教学结构中相对独立的步骤。情感目标不作为教学重点时，教师的策略是结合知识渗透教学，以期“润物细无声”。能否增强潜移默化的效果？如何强化感染？教师可以在教学活动的适当环节设计简洁的教学语言关联情感目标，发挥语言的指向作用，增强学生体验感，把无声的情感陶冶与有声的语言强化结合起来，使课程思政有机地融入教学活动中。

（1）结合在教学活动的导入部分

导入是教学活动的起始，其心理机制是运用注意和感知规律为学生的认知定向，或着眼于学习的意向因素激发学生的学习动机，或寻找新知识生长的“固着点”做好学习准备。情感是意向因素的重要成分，是衡量导入效果的重要指标。如案例4，教师可以有意识地设计几句点出中国社会主义制度优越性的教学语言引出案例分析，比如“我们国家以人民生命至上，集全国之力，进行抗疫阻击战，取得了重大成就。从视频片段来看，管理对象还有哪些?”可以把原来的直接提问改换成前语式提问，在问题提出之前，增加与情感目标相关的背景说明。

（2）结合在教学活动的结束部分

结束是教学活动的末尾，对学习内容进行归纳总结、拓展延伸，并进一步

激发学生学习的愿望。如案例 4，教师可以在总结时说几句点睛之语，比如“我们国家以人民生命至上，集全国之力，科学地对人、财、物、时间、信息等要素进行管理，取得了抗疫阻击战的胜利”。

教学语言的设计，应简洁、有力。教学活动不能变成单纯的思想政治教育。

（二）把情感目标落实在课堂教学中

1. 教师要有育人意识，让学生真正有参与、感受、体验、感悟的过程

教学目标为什么没有达成？常见表现是设计与实施不吻合。教师设计了小组合作学习来培养学生的尊重、沟通、合作意识。实际的课堂教学却是：出示学习任务后，教师迅速要求小组代表进行全班发言。没有小组内学生的独立学习、相互交流、互帮互助，何谈目标的达成?!

2. 教师要有关怀学生的意识，关注、调节学生的情绪情感

学生在课堂学习中的情绪可能是复杂多样的，有正面积极的，有负面消极的。教师上课时要关注学生的情绪表现，使学生的愉悦、好奇、兴奋乃至焦虑尽量保持在适宜范围内。教师要唤醒、引导、鼓舞学生，关注学生在课堂上的成长。

3. 教师要为人师表、以身立教，以自身积极的情感、良好的人格感染学生

教师本人的政治信念、道德修养也会投射到教学活动中，潜移默化地影响学生。教师声音的强弱、快慢，教师的肢体动作、面部表情也在表情达意，其传递的情感、态度、立场应与教学要求一致。教师还要以自身的情绪、情感感染学生，引起师生的共鸣。如案例 4 的授课视频里，教师的肢体动作、言语表情传递了两个信息：自信，以及对中国社会主义制度的认同。

四、课程思政的基本要求

确定适当的情感目标，结合教学有机地对学生进行正确的思想政治教育，

加强思想价值引领，增强学生的政治意识，实现课程思政。从教学原则的角度来看，就是要求教师在教学中要遵循思想性和科学性相统一的原则。为在教学中贯彻这一原则，需做到以下几点：

（1）坚持正确的思想政治方向，不得有违背党和国家方针政策的言行。教师要主动、适时、适当地引导学生，帮助他们形成和提高对是非、善恶、美丑的认识。

（2）严格遵守职业道德规范。作为社会公民，教师享有思想和信仰自由，但在教学过程中，教师必须体现国家意志，坚持和维护正确的政治观点和价值观念，不能用带有个人色彩的思想观念随意影响学生。

（3）实事求是。提出什么样的情感目标，如何实现，要考虑社会、课程、学生等多方面因素，防止形式化、生搬硬套。

（4）讲究教学艺术，追求实效。教学活动要全面落实知识目标、能力目标、情感目标，要花多少精力在情感教育上，则需要具体情况具体分析。教师要善于根据学生年龄特征和教学任务的具体特点，自然地将思想性和科学性结合起来，使学生在不知不觉中受到教育，达到“润物细无声”的效果。

五、结语

教学活动是一种教育性的认识活动。学生在教学活动中，不仅掌握科学知识、培养科学能力，他们的各种情感、态度、价值观也在变化。这种变化不是偶然的、自发的，而应是教师的长期追求。课程思政思想的提出，进一步表明了情感目标不再是知识目标与能力目标的陪衬和附属，而是课程教学的终极追求，关乎学生的健全发展。因此，精心设计情感目标，真正落实情感目标，实现课程思政，是教师必须有意识、花力气去做的事情。正如泰戈尔所说：“使卵石臻于完美的，并非锤的打击，而是水的且歌且舞。”

参考文献

黄济，劳凯声，檀传宝，2007. 小学教育学［M］. 北京：人民教育出版社.

周小山，严先元，2003. 新课程的教学策略与方法［M］. 成都：四川大学出版社.

现代职教理念在“思想道德修养与法律基础”课程中的运用研究

赵玉兰

摘　要

“思想道德修养与法律基础”课程是一门适应大学生成长成才需要，以社会主义核心价值观为核心，对大学生进行思想道德教育和法治教育的课程。在现代职教理念的引领下，创新教学模式，改革教学方法，丰富实践教学途径是增强“思想道德修养与法律基础”课吸引力的有效手段。

关键词

现代职教理念；思想道德修养与法律基础；运用

2013年8月19日，习近平总书记在全国宣传思想工作会议上指出，高校要把马克思主义作为必修课，成为马克思主义学习、研究、宣传的重要阵地，而高校思想政治理论课就是宣传马克思主义、宣传党的理论和路线方针政策的主渠道、主阵地。“思想道德修养与法律基础”课程（以下简称“基础”课），是依据《〈中共中央宣传部 教育部关于进一步加强和改进高等学校思想政治理论课的意见〉实施方案》和《新时代高校思想政治理论课教学工作基本要求》的规定，面向本科、专科大学生开设的一门公共必修课，也是高职思政课的重要组成部分，是落实立德树人根本任务的关键课程。本课程主要对大学生进行思想教育、社会主义道德教育和法制教育，帮助大学生增强社会主义法治观念，提高思想道德素质，解决大学成长成才过程中遇到的实际问题；承担培养大学生如何做一个健全人的任务，解决“培养什么人，如何培养人，为谁培养人”的问题。因此，改善“基础”课课堂效果，有助于大学生成为有理想、有本领、有担当的时代新人，为大学生的成长成才和终生发展奠定坚实的基础。

一、现代职教理念的内涵

习近平总书记说，理念是行动的先导，一定的发展实践都是由一定的发展理念来引领的。发展理念是否正确，从根本上决定着发展成效乃至成败。教育部等六部门印发的《现代职业教育体系建设规划（2014—2020 年）》提到，现代职业教育是服务经济社会发展需要，面向经济社会发展和生产服务一线，培养高素质劳动者和技术技能人才并促进全体劳动者可持续职业发展的教育类型。

职教理念源于工业革命后对高素质人才的迫切需求，而现代科学技术的飞速发展，更加大了对高素质、高技能的应用型人才的需求。现代职教理念是为适应我国经济发展方式转变，建立现代职教体系，促进人的全面发展、终身发展的教育理念。2014 年 5 月 2 日，国务院印发的《关于加快发展现代职业教育的决定》指出，要建立专业教学标准和职业标准联动开发机制，推进专业设置、专业课程内容与职业标准相衔接，全面实施素质教育，科学合理设置课程，将职业道德、人文素养教育贯穿培养全过程；要推进人才培养模式创新，坚持校企合作、工学结合，强化教学、学习、实训相融合的教育教学活动；要推行项目教学、案例教学、工作过程导向教学等教学模式。现代职教理念的核心就是“以就业为导向，以能力为本位”，校企结合，产教结合，工学结合，教、学、做一体化，实现在做中学、在学中做。现代职教理念要求将职业纳入课程标准，以任务为驱动，以项目为载体，以学生为主体，强化实践教学，着重提高学生的实际操作能力，关注人的全面发展，为学生的终身学习奠定基础。因此，在高职教育体系中，从人才培养方案的制订、专业课程的设置、课程标准的制定到教学内容的项目化、教学方法的创新、考核标准等都要坚持以学生为主体，以能力为本位。而“基础”课作为一门对大学生进行道德教育和法制教育的公共必修课，有其自身的规律和特征，虽然不能像专业课那样实行工学结合或项目化教学，但也要转变教学方式，适应现代职教理念，突出学生的主体地位。

二、“基础”课课堂教学的现状

“基础”课的内容理论性并不是很强，有的内容和小学、中学的政治课内容重复，学生觉得简单易懂，在思想上并不重视。同时，传统的以理论灌输和知识传授为主的理论教学仍然占据主体，教学效果不理想，师生互动不热烈，学生课后理解和践行不到位，这和现代职教理念的要求并不符合。

（一）学生的主体地位未能凸显

在“基础”课课堂上，只有个别年龄大的教师在使用传统的粉笔和教材，而绝大多数年轻教师都能运用现代多媒体技术，如课件、视频、图片等现代信息技术辅助教学。但是繁重的教学任务、生活压力、家庭因素等使老师没有足够的精力和时间将每一堂课都做成精品，因此，课堂教学仍然以理论讲授为主，偶尔穿插视频和互动，教师仍然是主体，学生是听众，学生的积极性和主动性没有得到充分发挥。这使得一方面，教师因教学效果不理想而感到无奈，另一方面，学生由于“基础”课简单无趣且无考试压力而不重视该门课程。

（二）传统的教学方法和手段面临巨大挑战

“基础”课绝大多数实行大班授课制，授课人数在80人左右，课堂活动的开展有一定难度，所以教学以讲授法和案例法为主，教学环境为简易多媒体教室。现代职教理念要求以学生为主体，以实际能力的提高为根本，在任务驱动中锻炼实际本领，提高学生的社会竞争力。专业课可以通过项目化教学，创设情境来锻炼学生的动手能力，提高其职业技能；而“基础”课是一门理论课，以对学生进行马克思主义理论教育和党的路线方针政策入脑、入耳、入心为目的。一方面，单一的教学方法、教学手段与现代职教理念大相径庭，不仅不能让学生在课堂上动起来、成为主体，也不能让教学触及学生灵魂，让学生发自内心地认同社会主义核心价值观。另一方面，电脑、手机等新媒体的普及使学生获取信息更加方便快捷，老师课堂讲授的内容，学生可以立即查证、跟踪，这对“基础”课教师的专业能力提出了更高的要求，授课也更具挑战性。

（三）实践教学流于形式

现代职教理念强调“能力为本”，而实现这一理念就要项目化教学。就“基础”课而言，就是要求通过大量的实践活动来锻炼学生的能力。《教育部等部门关于进一步加强高校实践育人工作的若干意见》提出，思想政治理论课所有课程都要加强实践环节。而在现实的思政课教学中，实践教学大多流于形式。由于学生人数多，组织和管理困难，易发生安全问题，因此绝大多数高校都没有坚持开展校外实践教学，而选择了在校内进行实践。校内实践教学的内容大多以调查报告、演讲比赛、主题文体活动、自编话剧演播、微视频拍摄等形式开展，虽然形式多样，也取得了一定的成果，但由于学生参与人数少，教学形式依然停留在理论宣讲上，教学效果不显著。

三、现代职教理念在“基础”课课程中的运用探索

高职教育旨在培养适合生产、建设、管理、服务第一线的高素质、高技能的应用型人才。而“基础”课主要提升高职学生的思想道德素质和法律素养，其教学效果会影响到学生的世界观、人生观、价值观和法制观的形成，关系到其是否成长成才。因此，如何让学生发自内心地信服马克思主义理论和党的路线方针政策，培育和践行社会主义核心价值观，是“基础”课探讨的主题。就目前的“基础”课现状来看，教学改革势在必行。

（一）转变教学观念，坚持以学生为主体

目前，大多数学校教学质量的评价仍然以“老师讲得好不好”为标准，而不是“学生学得好不好”。老师具备较高的理论水平和职业素养是上好一门课的必要条件，但不是充分条件。所以，“基础”课的改革首先要转变观念，教师只是学生成长成才过程中的引导者，学生才是主体。要改变课堂教学中的

“一言堂”“满堂灌”的现象，就要充分调动学生的积极性，激发学生的学习兴趣，引导学生主动参与课堂活动，做到勤学、精学、乐学。

一方面，教师要从整体上准确把握教材的核心和重难点，将教材体系转化为教学体系，这样在课堂互动后，能总结出问题之关键，点出理论之精髓，保证“基础”课“传播马克思主义理论和社会主义核心价值观”的主阵地地位不变。

另一方面，坚持理论联系实际的原则。教师准确把握学生在成长成才过程中的特点，以课堂活动为载体，精心设计单元教学，保证每个单元都有活动，都有亮点。比如，在讲授“适应人生新阶段”内容时，可以请大二、大三的学生现场讲述“大一，我最遗憾的是什么”；在讲授“人生观与人生价值”内容时，可以进行“我的人生我做主”的即兴演讲；在讲授法律部分的内容时，可以根据内容开展“讲述我心中的法律故事”、模拟庭审等课堂活动。以课堂活动为载体的单元设计可以让学生成为主体，从而使课堂气氛活跃，课堂参与度提高、关注度提高，突破重难点，达到教学目标。

（二）创新教学方法，大力推广信息化教学手段

教学方法要适应教学内容，教师要根据不同的教学内容和学生特点，采用不同的教学方法，因材施教。一门吸引力强的课程，应该是讲授法、案例法、讨论法、情境教学法等多种教学方法的综合运用。比如，讲授“四个全面”的战略布局时，可以采用讲授法和案例法；对于人生价值的内容可以设定一个问题引发谈论或辩论；对于部分法律的内容可以采用情境教学法；而对于大学生的恋爱观则既可以采用情境教学法，又可以采用角色扮演法等。

信息化教学手段借助网络突破了传统教学在时间和地域上的限制，并以其信息量大、方便、快捷等特点而被学生喜爱。“基础”课教学大量采用课件、视频、音频、图片等基础的信息化手段，可以使枯燥的理论知识更形象、直观，易于理解；同时，利用课堂派、智慧树、云班课、学习通等学习 APP，可以解决和学生见面少、沟通少的问题，并监控学生课前、课中、课后参与课程活动

的情况，解决课堂互动只有少数人参与的问题。此外，“再走长征路”“改革开放40年网上展馆”“抗美援朝网上展馆”等APP还能满足学生课后的个性化学习需求。现代信息化教学手段的应用实现了和学生沟通随时化、点名快速化、互动人人化，极大地提高了学生的学习兴趣，真正做到让学生在课堂动起来。

（三）知行合一，将实践教学落到实处

理论产生于实践，实践检验真理，任何理论从实践中来，最终又要回到实践中去，“基础”课也不例外。除课堂教学外，“基础”课还要积极探索有益的实践途径，使实践教学不浮于表面、流于形式。第一，将实践教学纳入考核范围，规定一定比例的课时、学分，制定合理的考核标准，统一考核。第二，落实思政专项经费，保证实践教学正常开展。第三，实践教学的考核可以不受课程的限制。比如，高职生在校2年期间只考核一次，所有思想政治理论课只考核一次；还可以将学生参与教师统一组织的活动成果，或者在校期间参与学校组织的所有与思政课相关的活动成果，抑或是自拟题目、自行完成任务之后获得的成果作为实践教学的成绩评定依据。这样，既解决了教师没有时间和精力组织学生开展实践教学的问题，又保证了人人参与，以及内容和形式的多样化，保证成果的高质量。在整个过程中，“基础”课教师时时给予学生指导，学生始终处于主体地位，真正体现了现代职教理念的精神。

四、结语

加快发展现代职业教育是党中央、国务院的一项重大部署，对于转变经济发展方式、增加人口红利、调结构、促升级有重大的战略意义。“基础”课要积极适应现代职业教育的发展，用现代职教理念引领课程改革，有效借鉴专业课课程改革的成果，积极探索教学活动的设计、教学方法的创新、信息化手段的推广、实践教学路径的拓展，不断增强“基础”课的吸引力和说服力，以培养适应现代社会发展的高素质、高技能人才。

参考文献

国务院. 国务院关于加快发展现代职业教育的决定［EB/OL］.（2014-06-22）［2021-02-10］. http://www.gov.cn/zhengce/content/2014-06/22/content_8901.htm.

郝占辉，李江涛，2016. 基于现代职教理念的高职“概论”课教学方法创新［J］. 辽宁高职学报，5：48-51.

习近平，2016. 习近平谈治国理政［M］. 北京：外文出版社.

习近平，2016. 习近平总书记系列重要讲话读本［M］. 北京：学习出版社.

高职院校信息技术课程思政建设路径初探

陶俊辉

摘　要

本文基于信息时代，结合高校思想政治工作、课程思政建设、信息技术课程目标等研究，旨在推动信息技术课程与高职院校“课程思政”建设有机融合，探讨信息技术课程思政建设的实施路径。

关键词

课程思政；建设路径；信息技术；核心素养

习近平总书记在全国高校思想政治工作会议上明确指出，要利用好课堂教学这个主渠道，使各类课程与思想政治理论课同向同行，形成协同效应，构建“思想政治理论课、综合素养课程、专业课程”三位一体的高校思想政治教育课程体系。高校思想政治工作根本在于做人的工作，中心环节在于立德树人，核心在于提高人才培养能力，主要解决“培养什么人、怎样培养人、为谁培养人”三大问题。要明确“培养什么人”，就要做到“四个正确认识”：正确认识世界和中国发展大势，正确认识中国特色和国际比较，正确认识时代责任和历史使命，正确认识远大抱负和脚踏实地；要明确“怎样培养人”，就要做到“四个坚持不懈”：坚持不懈传播马克思主义科学理论，坚持不懈培育和弘扬社会主义核心价值观，坚持不懈促进高校和谐稳定，坚持不懈培育优良校风和学风；要明确“为谁培养人”，就要做到“四个为”：为人民服务，为中国共产党治国理政服务，为巩固和发展中国特色社会主义制度服务，为改革开放和社会主义现代化建设服务。

《高校思想政治工作质量提升工程实施纲要》要求系统化构建全员、全过程、全方位育人的“三全育人”长效机制，从宏观、中观、微观各个层面一体化构建育人工作体系，其中微观层面的课程育人包括思政课建设和课程思政建设。《教育部关于深化本科教育教学改革全面提高人才培养质量的意见》重点强调把课程思政建设作为落实立德树人根本任务的关键环节，坚持知识传授与价值引领相统一、显性教育与隐性教育相统一，充分发掘各类课程和教学方式中蕴含的思想政治教育资源，建成一批课程思政示范高校，推出一批课程思政示范课程，选树一批课程思政优秀教师，建设一批课程思政教学研究示范中心，引领带动全员、全过程、全方位育人。

以上政策要求为课程思政的实施提供了依据，使课程思政与思政课程共同为聚焦立德树人、提高人才培养质量提供了有力的保障。

一、信息技术课程思政建设目标

课程思政是以构建全员、全过程、全方位育人格局的形式，将思想政治理论元素自然融入课程教学中，把立德树人作为教育根本任务的一种综合教育活动。其在教学过程中，寻求各学科教学内容与思想政治教育内容之间的关联性，将思政教育融入学科教学之中，通过学科渗透的方式达到思想政治教育的目的。

信息技术作为通识课程，其教学一般安排在大学第一学年。学生主要学习计算机基础知识、常用操作系统的使用、常用办公软件的使用；学习使用信息设备获取信息、加工信息、传播信息和应用信息。该课程培养学生的职业素养、工匠精神、爱国情怀、拼搏创新等精神，为后续课程的学习奠定信息素养基础。

信息技术课程思政建设目标是：在课程内容设计、课堂教学实施、上机实训操作等过程中，巧妙挖掘思政元素，将立德树人融入信息技术核心素养之中，实现学生的思想政治水平与信息素养同步提升，发挥综合素养课程对专业课程的基础性作用。

二、高职信息技术课程思政实现路径

随着信息化时代的来临，信息技术应用于各行各业，信息技术课程作为高职通识课，不仅传递信息技术知识，还训练学生对各种文字、图像、音频、视频等数字媒体进行加工、存储、转换和传输的能力，培养学生的信息技术核心素养。课程思政应用于信息技术课程教学过程显得尤为重要。

（一）更新教育观念，将课程思政融入教学目标

新时代的教师应当坚持正确的理想信念，深刻认识课程思政的内涵，时刻关心国家时事政治，加强学习，不断提高自己的政治修养，加强课程思政意识，认真实施课程思政教学改革，言传身教做好表率，培养学生正确的世界观、人生观和价值观。教师可以通过教研会、集体备课等形式，开展课程思政教学心得分享交流活动，提升课堂教学教育质量。

作为新形势下的信息技术课程教师，应在教学目标上增加思想政治教育内容，以培养具备社会主义核心价值观的高素质人才为核心目标。比如，教师可以在巨型计算机教学中，通过讲述我国自主研发的达到世界一流水平的“银河”“神威”“曙光”等系列巨型计算机的故事，增强学生的爱国热情和自豪感，引导学生发扬工匠精神，勇于开拓创新。通过教学目标的设定实现能力和思想双提升，不仅强化了学生的信息技术能力，还提升了学生的思想觉悟水平。

（二）重视教学常规，将“隐形教育”融入信息技术教学全过程

在课内，教师要时刻高度重视学生的课堂纪律、行为规范以及网络安全意识，发现问题要及时与学生沟通、解决问题。在课外，教师要通过面对面、网络聊天或打电话等多种形式与学生沟通交流，了解学生的思想动态和学习上遇到的困难，关注每一个学生的成长，用爱心、耐心、真心关心学生，成为学生

的良师益友。同时，教师还要积极引导学生分析问题、克服困难、寻找自身优势、建立自信。通过常规教学，让教学内容与课程思政更好地融合，在“润物细无声”的“隐形教育”中引导学生逐渐养成良好的行为习惯，以及爱国敬业诚信友爱的道德品格和价值追求。

（三）拓展教学场景，全时空开展课程思政

在信息化的今天，课堂上的教学内容已经远远不能满足学生的求知欲，因此，教师应该丰富教学方式，拓展教学场景，充分利用移动教学平台，构建线上线下混合教学模式。线上线下混合教学模式是“互联网+教育”背景下的一种新型教学模式，它是以多场景教学活动为手段，将互联网技术运用在教与学的全过程中，打破课堂教学的时空局限。线下教学，课堂教学互动性强，比如在课堂教学中，教师结合某热点事件，倾听同学们的见解，从而鼓励他们加入“中国创造”的创新队伍，钻研新技术，并利用新途径解决遇到的问题，为中华民族的伟大复兴贡献自己的一分力量；线上教学，教师利用课程教学平台制作在线视频录制微课、慕课，使得教学形式多样、内容生动有趣，学生借此可以更多地获取最新的信息资讯，将学习与生活联系起来，从而更好地实现“大思政”教育。构建线上线下混合式教学，有利于学生自主学习能力和课堂教学效果的提高，为全时空开展课程思政提供了可能。比如，鼓励学生在校园内开展思政宣传活动，让学生利用信息技术制作各种宣传材料，或者利用到校外实训的机会，用所学信息技术知识和技能帮助制作实际工作中的各种办公文档，在类似这样的实践活动中增加逻辑思维能力、培养创新思维，提高学生的职业能力和综合素养。又如，在电子表格数据处理的教学设计中，引导学生通过线上线下多种渠道收集省、市、县（区）扶贫政策和相关对口帮扶对象的基本情况数据（如人均可支配收入、群众认可度等数据），使用电子表格软件绘制折线图或柱状图，展现近年来对口帮扶对象脱贫致富的成效。在这样貌似枯燥的表格数据背后，是国家脱贫攻坚工作取得的巨大成果。学生在利用电子表格软

件制作基础数据表格、正确绘制相关图表、展示成果的教学过程中，深入了解党的精准扶贫、精准脱贫政策，从而关注国家和社会的发展，有利增强其主人翁意识和社会责任感。

（四）丰富评价体系，将课程思政融入评价与激励机制

当前，高职信息技术课程考核内容主要集中在对知识和技能的掌握上，评价体系单一且没有融入育人要求。因此，信息技术课程思政建设过程中，应该丰富课程评价体系，建立教书、育人并重的评价体系，在课堂教学中增加教学互动环节，增强学生的课堂参与感，采用激励机制将课堂表现融入课程成绩评价体系之中，在原有考核基础上，增加思政教育考核比重，并将思政教育的考核作为评优评先的重要依据。

（五）发挥集体智慧，建立健全融入课程思政元素的教学项目案例库

教学资源的建设应满足社会发展对人才的需求，教学资源应具有时效性、趣味性、多样性、导向性和思政性等特征。资源库建设是基于高职信息技术课程及其所服务的各专业人才的培养目标，以实现课程思政与专业需求的有机融合。要设计符合学生专业需求的融入了课程思政元素的教学项目，仅靠教师一己之力是不够的，特别是一人从事多个专业的信息技术课程教学工作的教师，其精心设计高质量的项目是比较难的。因此，还应利用教研会的机会，定期举办教学研讨活动，发挥集体智慧和各自特长，选取各专业的典型项目进行精心设计，深入挖掘思政元素并有效融入项目案例中，实现知识传授、技能培养与价值引导的有机统一。还可邀请专业课教师、思政课教师参与，对本校相关专业的信息技术课程思政教学项目案例进行点评、提出优化建议，以促进教研室内、教研室间教师的交流、沟通，使课程思政教学项目案例更加切合专业特点、更易于被学生接受，从而提升教学效果，使课程思政更具实效性。比如理工科类专业的信息技术课程，字处理软件应用中的“图文混排”教学单元，就可以使用“制作

'大国工匠'宣传资料”作为教学案例。具体单元教学设计如表1所示。

表1 “图文混排”单元教学设计

课程名称	信息技术	授课对象	2020级理工科类专业	学时	2
单元名称	字处理软件应用——图文混排				
课程类型	□A. 思想政治理论课 ☑B. 通识课 □C. 专业课 □D. 实践课				
教学目标	1. 掌握字处理中的图文混排 2. 培育“大国工匠”精神，增强民族自信 3. 培养审美意识				
课程思政	课程思政元素		大国工匠，民族自信，爱国情感		
	融入知识点		艺术字、图片和文字等的选择		
	融入方式		故事、集中汇报、演示		
教学实施					
教学引入	询问预习作业（搜集大国工匠的图片和素材）完成情况，请2个同学分别报告选择的工匠是谁，简要描述工匠故事（5分钟）				
教学展开	1. Word中图文混排效果演示：展示几组对比图，与学生一起赏析美与不美的图文混排案例（5分钟） 2. 图文混排的含义（3分钟） 3. 图文混排的原则（3分钟） 4. 图文混排的类型（4分钟） 5. 大国工匠图片的选择：各个领域，了解背后的奋斗故事（7分钟） 6. 大国工匠简介（文字）的凝练：找准关键词，确定描述内容，不超过20个字，以艺术字形式表现（8分钟） 7. 排版和色调的选择：如何体现大国、工匠、奋斗、精湛等内涵（10分钟） 8. 学生完成任务，教师随堂走动指导、关注学生课堂表现（35分钟）				
教学总结	1. 请3名学生陈述图文混排“大国工匠”主题作品的主旨、构思、选材和呈现，每名学生2分钟 2. 教师点评作品，提出改进意见（4分钟）				
目标达成检测	1. 通过作品，检测学生掌握图文混排技能的情况 2. 通过集中报告，宣扬大国工匠精神，陶冶爱国情操 3. 通过作品，检测学生审美意识				
教学反思	1. 选材较好，文字凝练能力待提高 2. 混排的版式较好，配色的审美能力有待提高				

三、结语

课程思政是思想政治教育课程体系的重要组成部分，主要是与其他课程一起解决“培养什么人、怎样培养人、为谁培养人”三大问题。作为信息技术通识课程教师，应该在提升自身信息素养的同时，更多地学习党的教育方针，将立德树人、德技双修作为信息技术通识课程思政建设的行动指引，最终达成学生的思想政治水平与信息素养同步提高的教学目标。

参考文献

李嘉，2019. 高职通识课程思政改革教学实践效果分析：以《计算机信息技术基础》为例［J］. 科技风，23：23.

林峰，2019. 高职专业课程思政改革的探索与实践：以“信息技术基础”为例［J］. 教育观察，8（16）：96-97.

罗彩君，2020. “课程思政”视域下高职信息技术课程改革探索［J］. 智库时代，7：206-207.

吴希，2020. 基于课程思政理念的大学信息技术基础课程教学改革研究［J］. 计算机产品与流通，7：166-167.

明确活动结构，改善学习效果

——导入新课的基本结构

冯 涛

摘 要

不断优化课堂教学效果是每一位教师的追求。好的导入是优质课堂的重要保障。笔者在学习北京教育学院MOOC“教师课堂教学技能的自我提升”的基础上，针对日常课堂导入新课的一些常见现象，尝试从教师教学操作的角度把导入新课的基本结构划分为四个步骤——创设情境，引起注意；提出启发性问题，促进参与；提出核心问题，衔接主题；明确学习任务要求，形成学习期待。在把握导入的基本操作、确保导入效果的基础上，教师可以考虑对某些操作进行增加、减少、压缩、改变等，灵活运用，从而创新和发展导入活动。

关键词

导入新课；导入结构；自我提升

毛泽东同志曾经说过，任何事情都有两头，即是有先进的和落后的，中间的状态总是占多数，抓住两头就能把中间带动起来。上课亦然，要想有好的教学效果，新课导入、课堂总结这两头占时不多，却起到了铺垫、升华的作用，好比是确定了一个高度的低端和高端。良好的开端是成功的一半，好的导入是优质课堂的重要保障。一般而言，一个新的教学活动或新的教学内容开始时，往往会有一个导入。本文所涉及的导入主要是指一堂课里相对独立的教学步骤：导入新课。在新课开始之前，教师运用建立问题情境的方式，引起学生注意，激发学生兴趣，使学生明确学习目标，形成学习动机。这一类教学操作称为导入新课。然而在对日常课堂进行观察时，笔者发现有些导入活动是需要斟酌的。

一、需要反思的几种导入活动

“课”是班级授课的重要特征，课程教学是一课接着一课循序渐进地推进的。在进行新学习之前，学生往往需要复习巩固相关内容。复习导入是联系新旧内容的重要方式，它把复习旧课、导入新课合二为一，使教学环节更为紧凑。导入新课有两大任务：一是“导”，启发引导学生，以激发他们的学习动机，调动其学习积极性；二是“入”，准备进入新学习，明确学习任务要求，形成学习期待。下面三种导入与复习旧课有关，暴露了导入操作中需要反思的一些现象。

1. 开宗明义式的直接导入，实则无复习、无导入

【例1】教学课题“建筑面积计算”：上节课我们学了……（教师复述上次课的内容标题），今天开始学习第二章建筑面积计算。你认为什么是建筑面积呢?

开宗明义，是导入的一种方式。教师直接提出新课的学习内容和学习目标，对新学习起到定向的作用。这种方式不宜过多使用。

如果学生对新学习本身就有浓厚的兴趣，则不需要教师特意去引导学习动机，就可以直接进入课题的学习。再如考查课，学生情绪较紧张，情绪的激发度与考试活动相一致，也不需要教师去引导。但如果教师经常采用直接导入的方式，则可能反映出了一些问题：一是不重视导入，未做导入的教学设计；二是未掌握导入的教学技能。如何导入是需要教师精心设计的，尽量不要开门见山式地说：“接下来，我们学习……”

2. 温故知新式的复习导入，实则有复习、无导入

【例2】教学课题“桩基础施工”：教师先回顾上次课的授课课题，提问：“桩有哪些类型?”抽问学生，总结学生的回答后指出今天要学习的关于预制桩的内容。

通过该例里的复习提问，教师能检查出学生对某知识点的巩固情况，但提问的方式很生硬，直接针对知识点设问，学生只需要回忆，无须发动思维、触动情绪。教师没有点出“故”与“新”的关联点，谈不上激发兴趣，即没有“导”新课。

该例可以从两个方面改善导入活动：一是复习方式要灵活一些，可以在运用知识的过程中促进学生参与，调动学生的情绪。比如创设建筑工地的场景，

或呈现直观图片，让学生判断桩的类型。学生在解决实际问题中复习巩固，情绪会有一定触动。二是要加强关联。教师可以提示或明确告诉学生新旧知识的联系点以引导其思考，从而使学生进入新学习；还可以在复习过程中发展情境，巧妙设置难点和疑问，使学生出现困惑，从而产生新问题，以激发学生积极思考，形成新的学习契机。

3. 蕴含职场因素的复习导入，实则忽略了职业性

【例 3】教学课题“禽流感”：某养鸡场的鸡得了新城疫。得了新城疫的鸡在呼吸系统方面有什么临床症状？消化系统会出现什么临床症状？神经系统呢？产蛋情况怎样？分别提问、总结后，教师指出今天要学习一种新的疾病“禽流感”，与新城疫类似。通过学习希望同学们找到它们的不同之处。

该案例有复习、有导入，但没有发挥职场因素的作用。教师的几个问题是从学科知识体系的角度设置的，学生仍然只是回忆知识。改善这个导入的重点在于教师要作为职场专业人员，从职场工作的角度设计系列问题。如：某养鸡场的鸡出现了疑似新城疫的症状，你作为技术人员，准备从哪些方面进行诊断？如果是新城疫，会出现哪些临床症状？为什么会出现这些症状？如何科学防治？从设问的内容与顺序，教师要有意渗透职场工作的思维方式与习惯。

二、导入新课的基本结构

教学既是科学，又是艺术。技术是连接科学与艺术的桥梁。研究导入技能的基本操作，明确其构成要素与功能，可以让教师在教学设计与教学实施中做到知其然、知其所以然。

北京教育学院 MOOC 开发团队开发的“教师课堂教学技能的自我提升”课程对导入技能做了深入研究，笔者据此尝试从教学操作的角度把导入新课的过程划分为四个步骤——创设情境，提出启发性问题，提出核心问题，明确学习

任务要求。下例来自中国大学 MOOC 武汉大学国家精品课程“思想道德修养与法律基础”。

【例 4】教学课题“第四章 注重道德传承，加强道德实践”导学。

首先，我们分享一个小故事。“大哥哥，衷心感谢两年来你对我的关心和帮助……”这是一封来自江西偏远山区的信，出自一位名叫王淑贞的女孩之手。她在接到清华大学录取通知书之后，向资助她的周新旺报喜并写下了这段肺腑之言。而像这样的信，周新旺至今已保存了 100 多封。家住广东珠海市的周新旺可以说是“志愿达人”，7 年时间志愿服务 5 500 小时，平均每周 15 小时。他还是“助学达人”，省吃俭用助学 11 人。他还是“献血达人”，18 年无偿献血 6 000 多毫升。他还是志愿捐献骨髓和眼角膜的志愿者。

2016 年 3 月，周新旺荣登“中国好人榜”。我想问一下，你看了这个故事，会想用哪些词语来形容周新旺这个人和他的行为?

助人为乐、好人，还是暖男、最美的人，或者道德高尚？这些词语的核心是不是都与“道德”这个词相关？如果你想到了“道德”这个词，那么“道德”在你心中是一个什么样的概念？它是怎样成为我们心中的规范和追求的？像周新旺这样助人为乐的道德境界又是如何炼成的？这些是不是都是我们应该认真思考的问题呢?

那么，学习这些与道德相关的问题就是本章的主要内容。这些问题包括……

1. 创设情境，引起注意

例 4 的第一段，教师的开场白是“我们分享一个小故事”，故事是有趣味的，容易吸引学生注意。引起注意是课堂教学的第一个事件，离开了指向学习活动的注意，一切都无从谈起。教师讲述的故事，内容具体、数据翔实，营造了一个有血有肉的好人形象，能够激发学生的情感。兴趣、情感是促进学生参与的动力。

教师讲述故事，或演示实验、操作示范、介绍案例等，都可以看作是在创设一种内容情境，或在建立促进参与的问题情境，其首要作用是吸引学生注意。要吸引学生的注意，情境就要有一定的生态性，要有必要的细节，不要过于简陋，否则不利于学生感受、探索。

2. 提出启发性问题，促进参与

例4的第二段，我们想象一下，在真实的课堂里，教师根据讲述的故事提出问题："你看了这个故事，会想用哪些词语来形容周新旺这个人和他的行为?"学生各抒己见。在不同类型的导入里，教师提出的问题会有不同的功能，有复习检查的，有引导观察、思考的，有促进表达的，有引发想象的，不一而论。这一操作，实质上是师生的互动活动，在互动中进一步调动学生学习的积极性。这种从情境中产生的问题，笔者称之为启发性问题，其共同作用在于激发兴趣、促进参与。启发性问题一般与情境密切联系，比较具体，便于学生联系情境思考、交流。

导入比较充分的课，师生互动是关键，但同时也要注意把控时间。

3. 提出核心问题，衔接主题

例4的第三段，在师生互动的基础上，教师再提炼出比较概括的、新课要解决的核心问题："如果你想到了'道德'这个词，那么'道德'在你心中是一个什么样的概念？它是怎样成为我们心中的规范和追求的？像周新旺这样助人为乐的道德境界又是如何炼成的?"核心问题起着聚焦的作用，指向新主题，衔接新内容，有助于学生形成学习期待。这时的设问，不需要学生回答，也不需要教师解答。

4. 明确学习任务要求，形成学习期待

例4的第四段，教师往往会提出本次课的学习内容、学习任务，使学生明确具体的学习目标，这是导入结束的标志。

在导入效果好的课堂里，容易找到这些构成要素。导入是灵活的，在确保导入效果的基础上，可以考虑对某些操作进行增加、减少、压缩、改变等。

三、导入技能的自我提升建议

每一位教师都是双专业人员，学科专业能力、教育专业能力都需要教师用心打磨、不断提升。

1. 根据技能形成的规律，使导入技能自动化

懂、会、熟、巧，是技能发展的不同阶段。教师首先要构建导入技能的相关知识体系，了解导入的意义、功能、操作要素、不同类型导入的应用要求，指导自己的教学实践。其次，有意识地在教学设计里，按照比较规范的操作要素设计导入活动，珍惜每一次课的导入实践，反复练习，熟练操作。再次，将导入的要素、类型、功能等内化于心，不论导入时间是长是短、课的类型怎样、学生互动表现如何，教师都要做到随心所欲、游刃有余，使导入的操作和效果稳定而高效。最后，能依据个人特点、课程性质，形成自身的导入风格和课程教学导入特色。形成导入艺术、具有赏心悦目的审美价值，是教育美育的不懈追求。

2. 明确导入技能的评价指标，发挥评价的导向作用

北京教育学院 MOOC“教师课堂教学技能的自我提升”课程，提出了导入技能的 6 个评价要素：引起注意、激发兴趣、主题衔接、学习目的、时间把握、态度情感，分别有良好、较好、尚可、需努力四个级别。每个要素与级别都有清晰的界定。西南大学 MOOC“课堂教学技术与艺术”课程，提出了教学导入艺术的 4 个鉴赏指标：时间、种类优势、情绪（趣味性与激发度）、逻辑（主题吻合与走向明确）。有兴趣的教师可以通过中国大学 MOOC 学习。无论如何导入、如何评价，核心思想都是要实现导入的功能：一是“导”的效果，即学生学习积极性的激发程度；二是“入”的效果，即导入活动的内容与形式与新

课内容的关联程度；三是时间要恰当，不能喧宾夺主。教师在自我评价时可抓住这三条。

3. 教学反思要用心

教师是在反思中成长的。布鲁巴奇等人在1994年提出了四种教学反思方法。一是反思日记。每次上完课后，对照上课的实际情况，对导入的操作与效果做细致的分析，发现问题，提出解决问题的设想，并记录在教案里。二是详细描述。校内教师相互听课交流时，积极发言，有意识地对导入细节做详细描述、分析，锤炼自己的教学敏感性。三是交流讨论。有机会“走出去、请进来”，同其他学校的教师交流讨论。还可通过网络等渠道向他校教师学习，开阔眼界，积累经验。四是行动研究。可以给自己一个期限，完成一篇关于导入的经验总结的文章，总结经验、提高认识、以研促教。

四、结语

教而不研则浅，研而不教则空。在明确了导入的常规要求，形成了导入的基本技能后，教师的教学也需要不断突破旧的教学样式，不论是内容还是形式，都应该不断地选择、探究和创新。

参考文献

陈友本. 课堂教学技术与艺术［EB/OL］.（2020-08-22）［2021-04-22］. https://www.icourse163.org/course/SWU-1003381006? from=searchPage.

纪方，杨宣，郭君红，等. 教师课堂教学技能的自我提升［EB/OL］.（2021-03-02）［2021-04-22］. https://www.icourse163.org/course/icourse-1002419002.

四川省教育委员会师范处，四川省小学教师培训中心，1999. 教学技能［M］. 成都：天地出版社.

论高职口语课程建设的三条途径

张　民

摘　要

口语课程在我校多个专业开设，是重要的专业课程，但长期以来口语课程建设在高校课程资源共享平台中少有成果出现。本文试以汉语专业的实用口语为例，探讨在深化职业院校教师、教材、教法“三教”改革中，高职口语课程建设的途径。

关键词

高职；口语课程；建设；途径

在我校汉语、健身指导与管理、初等教育、学前教育、旅游等多个传统专业和新增专业都开设有口语课程。口语课程是重要的专业课程。但是长期以来，在内容丰富的高校课程资源共享平台中，口语课程建设却少有成果。目前在中国大学 MOOC、学银在线、泛雅等影响较大的共享平台上，也只有一两门单一的“教师口语”课程，更无省级、国家级精品项目。基于口语课程的研究现状，本文试以汉语专业的核心课程“实用口语”为例，探讨在深化职业院校教师、教材、教法“三教”改革中，高职口语课程建设的途径。

一、课程建设途径之一：整合教材内容

应用类口语课程建设目前缺少精品，反映在教材上的问题就是：口语教材种类虽多，但大多按学科体系编排，涉及面广，实操性不强。参照“基于工作过程，以行动为导向”的高职教材标准，笔者认为教材改革，就是要满足就业需求并符合岗位特点，整合教材内容。

汉语专业的人才培养目标是“立足眉山，面向周边区域，培养能胜任企业、

基层行政机关工作的办公室文员、行政助理”。笔者试以汉语专业的就业需求和岗位特点为中心，以强化学生口语应用能力为标准，整合教材内容，按基础口才和应用口才两大类别进行梳理。基础口才是每一种应用口才在使用中需要具备的基本技能，并且针对不同教学模块中的应用口才进行有侧重的强化训练。应用口才再细分两类：沟通口才和演讲口才。其中，沟通口才选取讲解，交谈与倾听，说服与赞美，推销，求职等项；演讲口才选取即席演讲，竞聘演讲，主题演讲等项。总之，基础口才旨在强化应用口才实施中需要具备的基本技能。按照这样的思路进行整合，最后形成了 6 个教学模块。6 个教学模块的构成如表 1 所示。

表 1　6 个教学模块

<table>
<tr><th>教学模块</th><th colspan="2">应用口才</th><th>基础口才</th></tr>
<tr><td>1</td><td rowspan="5">沟通口才</td><td>讲解</td><td>态势语言</td></tr>
<tr><td>2</td><td>交谈，倾听</td><td>聚敛思维</td></tr>
<tr><td>3</td><td>说服，赞美</td><td>发散思维</td></tr>
<tr><td>4</td><td>推销</td><td>快捷思维</td></tr>
<tr><td>5</td><td>求职</td><td>综合</td></tr>
<tr><td>6</td><td>演讲口才</td><td>即席演讲，竞聘演讲，主题演讲</td><td>表达方式（叙述和说理）</td></tr>
</table>

二、课程建设途径之二：探寻教学模式

所谓教学模式，是指按照一定的教育思想和教学经验，围绕一定的教学目标而设计的可以操作、可以控制的结构性流程，其构成要素包括教学思想、教学目标、教学资源、教学程序和师生角色等。为了充分体现高职教育理论实践一体化的特色，笔者将以项目化与任务驱动的实践过程来论述口语教学模式的革新。

（一）设置教学项目，引领师生参与地方文化实践

我校的办学目标是“传承东坡文化，创建百年名校，服务眉山发展”，这是基于眉山市近年来大力提升东坡文化的影响力，促进“环成都经济圈开放发展示范市”的建设，顺势而为的选择。因此，学校在办学方向上提出“构筑东坡文化传承基地、为眉山文化经济迅猛发展培养更多高素质技术技能人才”的目标，持续不断地将以东坡文化为主体的优秀传统文化融入校园内涵建设，从营造校园环境、打造品牌活动，到推动课程建设，不断深入。因此地方文化融入课程建设，是我校在教育教学改革中的主动选择。对于公共文化课程“中华优秀传统文化”“大学语文”等，可以通过在教材中增加宣扬优秀地方文化的内容，显性地实现地方文化的融入，但各专业的口语课程要如何实现传统文化的融入呢？

课程教学项目（以下简称“项目”）既是课程内容的主要载体，又是素质教育思政融入与能力训练的主要载体。在“实用口语”课程的建设中，笔者尝试借助“一个载体”，即以我校学生从“认识优秀地方文化，到参与地方文化建设”经历的6个阶段为课程教学项目，循序推动师生参与从校园特色到岗位特色的教学实践。6个阶段设计如下：

第一阶段为项目1系列：为新生讲解校园东坡文化特色 + 为游客讲解一段眉山历史或当代有特色的人文景观；第二阶段为项目2系列：就编撰校本教材《三苏作品读本》和参与市委宣传部出版《苏轼诗词文赋一百篇》项目，采访编写者 + 采访社区文化建设工作者，并写一篇新闻；第三阶段为项目3系列：为参加“中华经典诵读大赛”，师生各创作一个表演文案，学生说服系主任和老师采用自己团队的方案 + 策划并排练一个岷东新区管委会参加全市春节联欢晚会的语言类节目；第四阶段为项目4系列：竞选院系社团职务/参与“传承优秀传统文化主题演讲”比赛 + 以单位或企业文化建设为主题，学生以团队为形式，策划并组织一场辩论赛 + 在院系学生工作座谈会上作为班级代表发言 + 在

全市评选市花市树座谈会上代表我校发言；第五阶段为项目 5 系列：为健身指导与管理专业健身教练服务做推销 + 为文创专业东坡文化文创产品做推销；第六阶段为项目 6 系列：参加本市文化行业岗位的兼职面试 + 参加东坡区委组织部组织的实习面试。

（二）借助任务驱动，实施校园生活+岗位特色的项目教学

经过教学内容的整合、教学项目的精选之后，本着“学生为主体，能力为本位，职业需求为导向”的现代职教理念，教师可对全课程实施项目教学：根据学科特点，课程设置了 6 组教学模块（见表 1），分别与我校学生从“认识地方文化”到“参与地方建设”6 个阶段的校外生活相对应。所以在教学中，对于每一个模块的训练都可以提出真实而具体的工作任务。同时，因为每一个教学模块都包括 1~2 个应用口才+基础口才，所以实施每一个任务的过程，也是目标清晰地综合运用多项口才技能的过程。这就是借助任务驱动，实施校园生活与岗位特色相结合的项目教学。简析如下：

第一个任务：认识优秀地方文化，包括 2 个项目。

项目 1：讲解从校园到本地区的地方文化胜迹——教学模块 1（讲解/态势语言）。

项目 2：走近校园和本地区的地方文化耕耘者——教学模块 2（交谈，倾听/聚敛思维）。

第二个任务：参与校园内外文化建设，包括 4 个项目。

项目 3、项目 4：参加校园和企事业单位的文化建设活动——教学模块 3（说服，赞美/发散思维），教学模块 6（即席演讲，竞聘演讲，主题演讲/叙述和说理）。

项目 5：参加专业文化服务实践——教学模块 4（推销/快捷思维）。

项目 6：参加兼职与实习面试——教学模块 5（求职/基础口才综合运用）。

（三）通过“三六教学模式”，践行“教学做合一”的职教理念

在采用模块化教学设计、借助任务驱动的基础上，可综合运用云班课、中国大学 MOOC、泛雅平台等课程资源共享平台和微课等信息化教学手段，通过“三个环节”（课前准备—课中实践—课后拓展），实施“六步教学法”（导—观—析—学—练—结），即“三六教学模式”，以提高学生与他人在交流和沟通中用语言解决问题的能力，同时促进学生养成阳光自信、乐于合作的精神品质，提升职业素养。这一教学模式解析如下：

（1）课前准备：教师通过网络平台发布学习任务单和自评表，学生在平台上完成教师指定的学习内容，完成情景模拟任务并拍摄成像，填写自评表。

（2）课中实施：教师以案例教学和情境教学法为主，以小组活动为主要教学组织形式，以“做中学”为教学理念，通过“六步教学法”进行课堂教学。在这 6 个步骤中，“导”是通过案例或结合课前任务等方式导入课题，了解对象的重要性。“观”是教师组织观看学生课前拍摄的情景模拟任务视频，并提出针对性问题。“析”是学生以小组为单位，互助学习讨论，谈感受、说认识，分享、交流；同时，教师引导学生完成对知识点的学习。“学”是学生对典型案例进行分析，小组交流、讨论，教师点拨，突出口语表达技巧的综合运用和提升。“练”是创设情境，学生以小组为单位完成情境任务，并根据评分细则，通过学生互评、自评、教师点评，对学生的知识掌握情况和实践能力进行测评，巩固强化，突破教学难点。“结”是教师引导学生完成课堂总结，并以思维导图的形式呈现。

（3）课后提升：教师在网络平台发布任务，学生在平台上进行交流、互评，教师可通过平台了解学生学习情况，答疑解惑，并对其作品进行评价。本环节进一步突出“用”的能力。

三、课程建设途径之三：提升教师教科研能力

在深化职业院校教师、教材、教法“三教”的改革实践中，教师要对自身角色特征、教学教育能力进行深入反思，这是推动“三教”改革取得成效的前提条件。

在整合教学内容、强化服务宗旨、践行“教学做合一”的同时，课程建设对高职教师教科研综合能力的要求也在全面提升。从目前的职业教育形势来看，对于在非职业教育背景中成长而转入高职教育领域的教师，尤其需要针对其教学、科研综合能力指标进行查缺补漏，教师既要具备职业素养、专业能力，又要具备教学设计、组织和实施的能力，同时还要具备信息技术应用能力。针对口语课程的教学改革，承担教学任务的教师如能具备一定的地方传统文化素养，才有可能在课程内容的梳理和整合中有所创新；如能具有一定的参与校园内外文化建设与服务的经历，才有可能在教学设计和教学组织实施上有所作为；如能说好普通话，并具备相应的沟通、交流、演讲的技能，才有可能在“教学做合一”的过程中扮演好引导者和训练者的角色。同时，教师还需要与时俱进，不断强化信息技术的应用能力。

四、结语

综上所述，在深化职业院校教师、教材、教法“三教”改革历程中，高职教师任重道远，笔者愿与有志者同行。

参考文献

陈解放，2005. 教学相长：高等职业教育教师基础知识读本［M］. 北京：高等教育出版社.

戴士弘，2020. 应用型院校整体教改：现代教学理论与实践［M］. 北京：清华大学出版社.

中国教育报. 教育部启动职业院校教师教学创新团队建设［EB/OL］.（2019-06-19）［2021-02-03］. http://www.moe.gov.cn/jyb_xwfb/s5147/201906/t20190619_386413. html.

高职幼儿教师口语技能训练策略研究[①]

李 梅

摘 要

幼儿教师口语技能训练是提升幼儿教师专业能力、促进幼儿教师职业能力优化发展的重要基础性工作。本文将高职幼儿教师口语技能训练作为研究对象，在对幼儿教师口语技能训练的重要性，以及口语技能训练在幼儿教师口语课程中的重要作用形成初步认识的基础上，对高职幼儿教师口语技能训练的策略进行了详细的分析，旨在提升幼儿教师口语技能的整体水平，有效促进幼儿教师实现专业化发展的目标。

关键词

幼儿教育；幼儿教师；口语技能训练

---

① 本文系“眉山职业技术学院2021年教改项目——幼儿教师口语技能训练实践研究”（项目编号：21JY16）的研究成果。主持人是李梅。

“幼儿教师口语”课程是高职学前教育专业的“理实一体化”专业必修课，幼儿教师口语技能训练是该课程的实训环节，主要涉及普通话运用技能、一般口语技能、教育教学口语技能三部分内容。在幼儿教师培养工作中，加强幼儿教师口语技能的训练，不仅能提高幼儿教师的专业教育教学能力，还有利于幼儿教育的系统性改革和创新，使幼儿教师可以为幼儿的学习和成长提供良好的教育和引导服务。因此，在高职幼儿教师培养工作中，要注意将幼儿教师口语技能训练作为主要的教学训练方向，有针对性地制订合理的口语技能训练方案，提高专业教育的综合效果。

一、幼儿教师口语技能训练的重要性

幼儿教师口语技能训练关系到幼儿教师的专业成长。在幼儿教育实践中，有效的口语技能训练对于幼儿教师综合素质的培养具有重要的影响，极具价值。一方面，对幼儿教师进行口语技能训练有利于提升幼儿教师的人才竞争力、社会发展能力和职业竞争力，使他们更好地开展幼儿教育活动；另一方面，有效的口语技能训练有利于幼儿教师对幼儿语言能力的培养，同时也是推进学前教育专业化发展的必要训练内容，只有积极进行口语技能训练才能提高幼儿教师的教学语言组织能力，从而在教学活动中对儿童的语言发展做出积极的引导，提高学前教育活动的质量，促进幼儿教育质量进一步提升。

在高职“幼儿教师口语”课程中，口语技能训练是理论知识与实践结合的重要一环，口语能力的提高离不开语言实践。口语技能训练在幼儿教师口语课程中的重要作用，具体表现为以下三点：

一是口语技能训练能突出“幼儿教师口语”课程的专业性，能按照幼儿教师的职业发展需求和幼儿语言发展的现实需要，对课程教学活动和训练内容进行合理的规划，能实现口语课程与幼儿教师岗位工作的有效对接，从而提升口语课程教学的专业性，培养幼儿教师的职业发展能力。

二是口语技能训练能增强“幼儿教师口语”课程的实践性，为学生搭建良好的实践平台，从而通过口语技能训练提高学生的语言表达能力，增强教学活动的综合效果。

三是口语技能训练能在口语课程中突出学生的主体地位，不仅能促进“幼儿教师口语”课程优化发展，使口语课程的设计表现出时代性的特点，还可以为学生口语表达能力、交际能力的培养创造条件，从而优化和创新“幼儿教师口语”课程教学活动的组织方法，提高口语课程教学整体质量和水平。

二、幼儿教师口语技能训练存在的问题

在对幼儿教师口语技能训练的组织实施情况进行全面系统的分析后，发现在当前教育教学管理活动中，幼儿教师口语技能训练活动的开展还存在一定的问题，这会对幼儿教师教学语言组织能力的培养产生限制性的影响。幼儿教师口语技能训练存在的问题主要表现在以下四个方面：

一是技能训练与岗位需求脱节。当前“幼儿教师口语”课程教学往往采用

较传统的教学模式，更加注重理论学习，而忽视了技能的培养，加上部分口语技能培训教师的一线工作经验不足，对幼儿教育所需语言的了解不够全面、系统，导致在实际开展口语技能训练的过程中，出现了训练内容、训练方法和训练目标与幼儿教师实际岗位工作需求脱节的问题，无法有效对学生的口语交际训练能力进行针对性的培养。

二是微格实训设备不先进，实训计划不完善。微格训练能为口语技能训练的高效开展奠定基础。虽然当前的幼儿教师口语技能训练活动针对微格训练做出了相应的实践探索，但教学活动却受到微格训练设备不够先进、训练计划缺乏完善性等问题的影响，微格实训作用的发挥受到一定的制约，无法保障各项训练工作科学合理地推进。

三是训练不深入，流于形式。当前幼儿教师口语技能训练活动缺乏比较完善的评价模式、配套的实训教材以及合理的训练规划，且对训练模式的开发也不够系统，导致部分训练流于形式，使口语技能训练效果甚微。

四是训练时间不充分，训练效果不理想。现阶段在对幼儿教师进行教育培养的过程中发现，很多教师由于没有乐器、声乐、舞蹈和绘画等基础，因此在训练过程中往往过于关注弹跳唱画这些技能训练，对口语技能不够重视，导致口语训练时间不够充分、训练积极性不高等问题，降低了训练效果。

三、幼儿教师口语技能训练的有效策略

幼儿教师口语技能训练的有效组织实施受到多种因素的影响。在教学训练活动中，针对训练过程中存在的问题，可以尝试从以下几个方面制订口语技能训练的改进方案，突出训练的针对性和高效性：

一是立足岗位需求，优化训练项目。幼儿教师口语技能训练的开展要立足幼儿教师岗位的需求。专业教师要加强与幼儿园的联系，开展相应的调研，优

化技能训练项目。在开展训练教学指导活动的过程中，邀请一线幼儿园教师分享幼儿教学语言设计方面的经验教训等，对学生进行针对性的技能指导。在此过程中，可以尝试构建幼儿园辅助教育与学校教育的多元合作关系，为学前教育专业的学生搭建良好的技能训练平台，使他们能更加直观地了解幼儿教学中语言的合理化组织和应用，从而优化创新幼儿教师语言技能训练的综合效果，提高幼儿教师的整体口语技能水平。

二是开发实训教材，细化训练要点。在充分利用“幼儿教师口语”课程教材的基础上，根据学生认知水平和技能水平，结合岗位的实际需要，开发适合学生技能训练的实训教材。从实训内容、实训要求、训练技巧等方面出发，注重实训内容的合理性和有效性、实训方法的恰当性与可行性，突出技能训练的层次性，细化训练要点，让实训落到实处，为学生打下坚实的口语表达基础。

三是升级微格设备，完善实训计划。微格训练是随着信息技术的应用在口语技能训练中提炼出的重要的教学方法，其借助现代视听设备优化训练效果。结合幼儿教师口语技能训练的要求，要尝试改进微格训练计划，如在通过加大资金投入改进微格训练设备的基础上，按照幼儿教师口语技能训练的动态发展情况，尝试完善微格训练教材和资源共享平台，在信息化平台上促进口语技能训练资源的多元共享，从而提高训练整体水平，使幼儿教师的口语表达能力、教学语言的组织能力得到提升。

依托微格训练，可以开发幼儿教师口语技能训练智能化检测和反馈系统，在微格训练的基础上结合智能化设备的应用，构建智能化信息反馈服务体系，使幼儿教师在参与微格训练的过程中，可以及时有效地判断训练情况，并制订合理的口语技能训练改进方案，从而提高口语技能训练的综合效果。

四是线上线下相结合，凸显训练效果。口语技能训练的开展需要完善的规划和系统的管理作为支撑。在开展幼儿教师口语技能训练的过程中，为了改善技能与岗位脱节、训练流于形式等情况，可以结合幼儿教师口语技能训练的实际需求和按照岗位工作的现实需要，引入线上线下混合训练模式，重点探索线上训练活动的有效组织设计，使线上训练能辅助线下训练活动的开展，并开发线上线下融合训练平台，从而提高训练活动的整体水平，为幼儿教师提供个性化的训练活动空间，突出口语技能训练效果。

如在开发情境训练活动的过程中，可以依托在线口语训练平台，对丰富的口语训练资源进行整合，然后按照“幼儿教师口语”课程对不同口语技能的需要，进行活动设计，使口语技能训练满足幼儿教师的个性化成长需求，使训练活动表现出针对性和个性化的特征，从而提高口语交际训练综合效果。

五是加强第二课堂训练，提高整体水平。为了突出口语技能训练的针对性和有效性，在实际对幼儿教师口语技能训练进行改进和创新的过程中，还可以积极探索第二课堂的开发，构建第二课堂训练模式，在第二课堂教学组织训练中全面分析学生的实际情况，对学生实施一对一的辅导，或组织学生进行互助，确保解决口语技能训练中遇到的问题，优化口语技能训练的综合效果。

例如可以尝试在第二课堂口语技能训练中，引入任务教学法，为幼儿教师设计有针对性的训练任务，引导其通过完成口语技能训练任务来强化口语表达能力、教学语言组织能力，提高对语言的掌控力和应用能力。同时，还可以构建相应的评价模式，比如自评、互评和教师评等，并与期末成绩挂钩，提高参与积极性，从而发挥第二课堂训练的重要作用，促进幼儿教师口语技能训练得到全面而系统的优化。

四、结语

综上所述，在全面打造幼儿教师队伍的过程中，应该结合幼儿教师的专业成长需求，客观分析口语技能训练的重要性，并在教育实践中多角度对口语技能训练教学活动进行设计和规划，确保为幼儿教师提供良好的口语技能训练平台和条件。多种教学措施的共同作用可以提高口语交际训练效果，使幼儿教师的口语交际能力、教育教学语言组织能力得到强化，为幼儿教师专业能力高质量发展、幼儿教育教学水平不断提升提供良好的支持。

参考文献

黄莎莎，2020. 高职学前教育专业幼儿教师职业口语教学质量的提升策略探讨［J］. 河南教育·幼教，7：3-6.

李慈，2016. 红河州民族师范学校准幼儿教师口语技能培养现状研究［D］. 昆明：云南师范大学.

李云，2016. 中职学前教育专业《教师口语》课程教学改革研究［D］. 南昌：江西农业大学.

南君，2018. 学前教育专业教师口语技能训练实践研究［J］. 宁夏师范学院学报，39（11）：61-62.

苏俭，2019. 基于信息化平台的中职幼儿教师口语的教学研究［J］. 教育信息化论坛，3（10）：124-126.

郑艳辉，2019.《幼儿教师口语》教材中存在的问题及优化策略［J］. 教育理论与实践，32：39-41.

小学教育专业学生故事讲述技能训练策略探讨[①]

伍成艳

摘　要

讲述故事不等同于讲故事，讲述故事对讲述者在思维品质、语言表达、儿童教育观等方面有更高的要求。小学教育专业学生故事讲述能力训练是一个复杂的系统工程，需要做好整体设计，考虑不同层次学生的训练需求，提供资源支持和锻炼机会，鼓励学生的训练热情，促进全体学生在专业道路上快速成长，从而更好地适应岗位要求。

关键词

故事讲述；小学教育专业；技能训练

---

① 本文系“眉山职业技术学院 2019 年教改项目——小学教育专业儿童故事讲述技能训练模式研究”（项目编号：19JY03）的研究成果。主持人是伍成艳。

教学，需要语言表达。“师范生是教师专业化的实践者，是未来教育的主力军，语言能力是他们步入教育行列的敲门砖。”① 教师是用语言向学生传达知识和技能的特殊社会群体，语言对教师的重要性不言而喻，良好的口语表达能力是教师教学素养的综合体现。口语表达能力，可以通过演讲、辩论、即兴讲话、讲述故事等方式加以训练。本文着重探讨故事讲述技能训练的策略和举措。

一、故事讲述技能训练对于小学教育专业学生的作用和意义

讲述，是指用完整连贯的语言叙述某个内容，表达自己思想的一种口头语言表达形式。讲述能力是小学教育专业学生必备的基本功。故事讲述，是指讲述者使用较为精彩、丰富的叙述性语言来介绍故事文本。讲述时，讲述者要具备感染力和表现力，营造出能让听众融入的氛围。这就要求讲述者要提高自身的语言感受能力、表达能力、掌控能力；提高自己的普通话水平、表情传达能力、表演技巧。培养良好的故事讲述能力，能极大地提升师范生的职业竞争力和专业水平。

---

① 高月琴. 语用能力的培养与英语口语能力的提高［J］. 外语电化教学，2002（2）：6-9.

二、小学教育专业故事讲述技能训练的现状分析

当前，大部分院校小学教育专业对故事讲述技能的重视度不高，忽略了对故事讲述技能的训练；即使有的院校对该项技能进行培训，也存在课程与训练脱节、课堂与课外脱节的情况。目前，眉山职业技术学院（以下简称“我校”）仅小学教育专业的教师口语课程对该项技能进行了简单的指导，但仅限于课堂之上，缺乏课后训练，学生实际讲述能力普遍偏弱。

（一）课程支撑薄弱，技能训练不足

我校小学教育专业开设的课程中，“故事讲述”内容仅散见于“教师口语”和“儿童文学”两门课程。“教师口语”课程包括“普通话”和“教师口语”两大教学内容，由于普通话等级考试对师范生有重要的意义，因此“教师口语”课程的教学重点不是教师职业口语训练，而是普通话训练，因此对于故事讲述技能的训练非常欠缺。而“儿童文学”课程侧重于文学作品的理论教学，没有过多涉及该项技能的训练。

（二）训练方式单一，训练对象两极分化严重

我校小学教育专业曾于2018年3—6月开展了面向大二学生的针对故事讲述技能的培训，成立了技能培训部，选拔各班优秀学生作为培训员，以“专业教师辅导培训员，培训员辅导全体学生”的方式，迈出了正式培训该项技能的第一步。但训练的方式仍然较单一，以“教师理论讲授—学生接受”“教师示范—学生模仿”的训练方式为主。因此学生的训练积极性不高，训练效果一般。训练对象两极分化严重：一是参训对象主要为语文方向的师范生，数学方向的师范生较少；二是教师培养重心在培训员，无法兼顾全体学生。

三、故事讲述能力提升的策略分析

讲述故事不等同于讲故事，讲述故事对讲述者在思维品质、语言表达、儿童教育观等方面有更高的要求。故事讲述能力的训练是一个复杂的系统工程，要打破传统的先“知”（理论教学）后“行”（实践训练）的单一训练模式，而采取“知中行、行中知、知行同步”的训练模式。因此故事讲述技能训练应进行整体设计，将课内提升与课外训练统一协调，分阶段安排训练内容；以课程为载体，以技能培训部为依托，以线上线下为抓手，促进理论与实践的深度融合，构建全方位的训练体系。

（一）意识为先，增加学生的训练意愿

意识决定行为，行为决定结果。学生只有认识到故事的功用，认识到生动地讲述故事在小学教育教学中的作用，才能激发出自身积极参与技能训练的动力。相比语文方向的学生，数学方向的学生对故事讲述能力培养的意愿不强烈，因此教师应立足小学教师的专业素质要求，深化讲述能力在语文学科、数学学科中的作用和意义，利用各种宣传方式激励学生，点燃学生参与训练的热情。

（二）课程整合，建立跨课程的技能训练体系

目前大部分师范院校和职业院校的小学教育专业开设有“教师口语”“儿童文学”课程，这两门课程与故事讲述技能培养有最直接的关系。亚里士多德曾说：“整体大于部分之和。”如果能将两门课程涉及故事讲述的教学内容、教学资源及教学实施进行整体性规划和设计，形成一个系统的训练体系，就能真正提高训练效果。

故事讲述训练包括两个阶段：第一阶段为故事讲述前的基本技能准备；第二阶段为故事讲述的专门训练。以我校小学教育专业为例，第一学年开设的

"教师口语"课程主要学习普通话和一般口语交际技巧，因此第一个阶段的技能训练可以以"教师口语"课程为载体，通过系统的语音训练，纠正和规范学生的普通话语音；在口语朗读及表达训练中融入儿童故事作品，初步培养学生良好的语感。第二个阶段的技能训练则以开设于第二学年的"儿童文学"课程为载体，除了常规的理论教学内容，如儿童文学的发展历史、艺术特征、作品鉴赏及创作之外，还可以增加故事讲述技巧的教学、训练和考核。通过整合两门课程的教学内容，保证该项技能训练时间充足，训练梯度合理，训练效果明显。

（三）学生为主体，发挥技能培训部的示范和督促作用

本着"学生为主体"的理念，建立故事讲述技能培训部，让学生"强带弱、老带新，互助帮扶、自主学习"，从而增强学生自我管理、自我服务和自主学习的能力，实现学生的整体进步。

一是健全培训部组织机构。由"教师口语""儿童文学"课程的任课教师担任指导教师，课外定期开展相关的培训讲座；精心挑选基础较好的学生作为培训部的培训员，发挥示范作用，带动全体学生，在教师的指导下"强带弱、结对子"，起到帮扶作用；辅导员在日常训练中进行督促、检查，落实训练的全覆盖和全参与，实现共同提高。

二是强化对故事讲述技能训练的过程管理。技能训练责任落实到人，技能训练办法落实到位，技能训练时间细化到星期，技能训练的效果关注到个体。强化对技能训练的考核评价，加强对指导教师指导质量的考核，加强对学生技能训练效果的考核，激励学生加强训练。

（四）开发资源，为学生自主训练提供可靠支持

传统的训练模式较为单一，仅靠教师的理论讲授和示范指导，无法满足多达百人的训练需求；同时学生的层次参差不齐，无法做到因材施教，也就不能保障

全体学生训练的质量和效果。开发训练资源，利用教学中常用的信息化平台建立技能训练资源库，为学生自主训练提供稳定有效的资源支持。

技能训练资源库包含故事讲述技巧资料、故事讲述评价标准、故事文本资源、各届优秀学生展示视频、指导教师示范视频、省级及国家级小学教师故事讲述比赛视频等。学生可以利用碎片化时间，根据自身情况开展个性化训练，通过模仿和自主练习提升讲述技能，从而提升训练信心，激发训练兴趣，提高训练效果。

（五）搭建平台，借助校内校外各种活动促进能力提升

搭建比赛平台，以赛促学、以赛促练。技能比赛是对技能训练效果的一个重要检测方式。但是较多院校小学教育专业的专业技能比赛项目，仍是以三笔字、微型课、说课、课件制作等为主，很少会将故事讲述作为技能考核之一，这在很大程度上影响了学生对故事讲述技能重要性的认识，影响了学生训练的主动性和积极性。搭建故事讲述比赛平台，将故事讲述纳入技能考核内容之一，定期开展故事讲述比赛，能让学生充分认识故事讲述重要性，自觉主动地参与训练，从而保证能力的全面提升。

搭建实践平台，在实际操练中提升能力。在校内训练时，学生没有真正给儿童讲述故事的机会，所以还需要给学生提供大量实际操练的机会。在实践锻炼中，学生的主体性更明显，训练效果往往会比校内训练更好。我校在大一、大二期间会定期组织学生到小学开展认识实习、跟岗实习。一方面，师范生观摩小学教师的教育教学，能够真实体会讲述能力的重要性；另一方面，小学校园是讲述能力的天然训练场，是激发师范生发挥主观能动性的良好环境。在实习中，师范生亲自站上讲台、走进小学生群体，亲口讲述故事，亲耳听见儿童的语言反馈，亲眼看见儿童的态度反馈，能够让学生看清自己的不足，从而继续在校内训练中改进、提升。

四、结语

要讲好故事不容易，要讲述好故事则更难；训练好一个学生不容易，训练好一个专业多达几百名学生更是难上加难。故事讲述技能的训练是一个复杂的系统工程，需要教研室及教师做好整体设计，考虑不同层次学生的训练需求，提供有力的资源支持和锻炼机会，激发学生的训练热情，促进学生在专业道路上快速成长，以更好地适应岗位要求。

参考文献

何永贤，2016. 探析学生讲故事技能训练的方法［J］. 农村经济与科技，24：235-36.

单广红，2017. 用童话唤醒数学学习的内隐力量［J］. 江苏教育（小学教学版），4：70-71.

田爱兰，2019. 高校学前教育专业故事讲述训练教学的改进方案研讨［J］. 辽宁广播电视大学学报，2：102-104.

杨莹，2018. 在语言教育活动中提高学生讲故事的能力［J］. 文教资料，17：32-34.

高职院校学前教育专业学生的儿童文学素养提升略谈①

王甜然

摘　要

具有较高的儿童文学素养是当前高职院校学前教育专业学生综合素质的一个重要体现。为了更好地提升学前教育专业学生的儿童文学素养，本文从以下两个方面进行探究：一是分析学前教育专业学生儿童文学素养的现状，二是总结提升学前教育专业学生儿童文学素养的措施。

关键词

学前教育专业学生；儿童文学素养；提升

① 本文系眉山职业技术学院院级课题“高职院校学前教育专业学生儿童文学素养提升的实践研究——以眉山职业技术学院为例”（项目编号：18KY20）的研究成果。主持人是王甜然。

《幼儿园教育指导纲要（试行）》明确指出，要引导幼儿接触优秀的儿童文学作品，使之感受语言的丰富和优美。可见，儿童文学在学前儿童成长过程中具有重要的地位，是学前儿童成长过程中的重要养分，是学前儿童满足好奇心、获得知识、认知世界和培养兴趣的途径，滋润着学前儿童的灵魂，带给他们一个具有童趣和想象力的艺术世界，让他们在这个世界中自由自在地翱翔。而高职院校学前教育专业的学生是未来的幼儿教师，培养和提升他们的儿童文学素养尤为关键。下面将概述高职院校学前教育专业学生儿童文学素养的现状，以及提升该专业学生儿童文学素养的措施。

一、儿童文学素养现状

本研究的调查对象主要是眉山职业技术学院师范教育系学前教育专业大专在校学生，另外也调查了部分学生所在实习幼儿园的指导教师。抽取的学生样本是学前教育专业大专二年级的学生，被调查学生已经完成了儿童文学课程的学习，对幼儿园语言教育活动的文学教育活动也有了初步的认识和了解，并在幼儿园实习时进行了文学教育活动的实践，因此，样本具有一定的代表性。本研究分为6个阶段进行访谈调查、问卷调查和观察调查。通过调查分析，总结出高职院校学前教育专业学生儿童文学素养的现状。

1. 对儿童文学情感态度消极

该专业学生的儿童文学基础理论知识相对匮乏，其中幼儿诗、幼儿散文和幼儿戏剧的基础理论知识尤其欠缺，学生对儿童文学认知不足，甚至不科学，因此，学生对儿童文学的情感态度必然是消极的。我们发现，大部分学生即使知道学习儿童文学的有效方法，但对儿童文学缺乏积极的情感态度，所以并无积极学习的迫切愿望，也并不主动将儿童文学的基础理论知识融入幼儿园文学教育活动的实践中去。

2. 阅读与欣赏儿童文学作品的能力欠缺

第一，该专业大多数学生在课堂之外阅读的儿童文学作品的数量很少，阅读基本在课堂上进行，缺少经典儿童文学作品的文学积淀。第二，大多数学生对儿童文学作品的欣赏水平还不够高，比如对儿童文学作品的文体、艺术特点等方面理解不到位，对儿童文学作品的情感体验也不够。以上两点，第一个是原因，第二个是结果，只有加大阅读量，学生欣赏儿童文学作品的水平才能够有效提高。

3. 儿童文学创作能力不足

学前教育专业的学生只有具备一定的儿童文学创作能力，才能在未来更好地开展幼儿教育教学工作。目前，该专业大多数学生具备仿编能力，但儿童文学创编和儿童文学改编能力并不足，这是因为该专业学生对儿童文学的理解力、创造力和想象力不足。

4. 幼儿园文学活动的组织能力比较薄弱

幼儿园文学活动是幼儿园语言领域集体教育活动中的重要组成部分，学前教育专业大部分学生组织幼儿园文学活动的能力还有待提高，欠缺主要体现在：对幼儿园文学活动的特点和基本流程理解不到位，不能够将基本流程较好地细节化；在活动中不能够较准确地引导和启发幼儿，向幼儿提问的有效性不高；在教学实施过程中不能够根据幼儿学情随机应变；教学设计缺失重要环节；语言表达不够准确，语调处理不够灵活等。

5. 儿童文学课程教学模式有待改变

在课时安排上，目前儿童文学课程学习时间普遍为一学期，共 32 个课时，无法满足对所有儿童文学体裁的学习，导致学生不能够较完整和深入地了解儿童文学。教学内容不够完善，缺失中外儿童文学发展史的相关内容。教学方法以讲授教学法和练习教学法为主。考核评价主要为教师对学生课后作业的考核。

6. 儿童文学教师的素养有待提高

经过调查，不少儿童文学课程的课堂氛围比较沉闷，学生容易感到乏味。教师的儿童文学素养亟待提高，因为只有提高教师的儿童文学素养，使教师全身心地投入，学生才能有所触动，其学习积极性也才能被激发。同时，儿童文学教师还应主动、深入地了解学情，帮助学生攻克难关，弥补薄弱环节。

二、提升儿童文学素养的措施

针对以上现状，经过课题组老师的反复商讨，总结出如下措施。

1. 提升儿童文学作品阅读与欣赏能力

儿童文学是幼儿成长和成才的必要养分，因此，为了更好地帮助幼儿成长成才，学前教育专业的学生需要主动充实儿童文学储备，合理安排课外时间，大量阅读中外儿童文学作家的经典儿童文学作品。同时，关注当下最新的儿童文学作品资讯，如经常到图书馆翻阅儿童文学作品，以此来提升自身的儿童文学鉴赏能力。

为提升该专业学生阅读与欣赏儿童文学作品的能力，可以开展“每月读一本好书”的活动，并定期开展形式丰富多样的线上和线下读书分享活动，促进学生养成阅读的良好习惯，营造良好的阅读氛围。具体活动方式：儿童文学教师提供阅读书单，学生建立读书小组，推荐优秀读物与同学分享；每月写读书笔记，由教师抽查。

2. 培养学生儿童文学创作能力

为加强学前教育专业学生儿童文学的创作能力，可以开展“每周做一次复述训练”的活动。创作儿童文学首先要从复述开始，因为学生在复述儿童文学作品时，会加上自己的理解，会在作品的语言或情节上有自己创造性的发挥，通过这种方式能够提高其儿童文学的创作能力。具体活动方式：建立班级微信群，每人每周至少分享对一个作品的复述，学生互相评论，教师适时点评，指派一名学生负责登记，辅导员加强督促和检查。

同时，还可以开展“每月做一次创作训练”的活动，帮助学生养成善于思考和打破常规的习惯。具体活动方式：全年级每月进行一次儿童文学作品创作比赛，以赛促练，教师参与评比，评比结果与学生德育量化成绩挂钩。

3. 提升学生幼儿园文学活动组织能力

“幼儿由于发展水平的局限性对文学作品的学习、欣赏和体验具有‘间接性’和‘被动性’的特点”，所以幼儿教师必须在幼儿园文学活动中扮演好主导者的角色，结合幼儿不同年龄阶段的学情引导幼儿学习儿童文学作品，因此，组织幼儿园文学活动的能力就显得尤为重要。为加强学前教育专业学生的幼儿园文学活动组织能力，可以开展“每月做一次试讲训练”的活动。具体活动方式：每月由教师设置一个主题，每班分小组自选一个儿童文学作品进行试讲，小组中的每个学生都要试讲，并将写有教学反思的教案和试讲视频上传至教学平台，小组长组织组员评选出本组最优秀的作品，教师将优秀作品在全班进行展示，优中选优后再在全年级进行展示。

4. 推进儿童文学课程全面改革

在课时安排上，完善学前教育专业人才培养方案，增加儿童文学课程的课时，由一学期变为两学期，或者将每个班级的周课时增至4课时，这样才能保证儿童文学所有文学体裁的基础理论知识都能在课堂上呈现，才能让学生深入地了解每种儿童文学体裁的特点，体会儿童文学作品的美。在教学内容上，增加中外儿童文学发展史的相关内容。在教学方法上，结合学生学情，除了采用以教为主的教学方法外，还要增加以学为主的自主学习、合作学习、探究学习等教学方法，以及教与学并重的角色扮演法、讨论法、问题教学法。在考核评价上，进行课前、课中和课后的全过程考核，采取学生自评、学生互评、任课教师点评、幼儿园教师点评的考核方法进行全面评价，激发学生学习的主动性和积极性，优化教学效果。

5. 提高儿童文学教师的综合素养

为了有效提高儿童文学教师的综合素养，推进儿童文学学科的教学发展，首先，儿童文学教师要积极参加跟本学科相关的培训和讲座，多参与本学科的教育教学研讨活动，学习儿童文学的前沿理论，拓宽教学视野，转变观念，及时适应儿童文学教学的需要。其次，要善于发现当前学前教育专业儿童文学教育教学存在的实际问题，加强儿童文学的教学改革和科学研究工作。最后，在教育教学上，要采用多样化的教学方法丰富课堂内容，比如角色扮演教学法、情景模拟教学法和探究学习教学法等，利用现代信息化教学手段吸引学生的注意力，激发学生学习儿童文学的兴趣。

三、结语

提升高职院校学前教育专业学生的儿童文学素养不是一蹴而就的，而是一个漫长的过程，“路漫漫其修远兮”，这需要学校、教师和学生付出大量的时间和精力，任重而道远，唯有砥砺前行。

参考文献

中华人民共和国教育部，2001.《幼儿园教育指导纲要（试行）》[M]. 北京：北京师范大学出版社.

卓萍，2009.《通过儿童文学教学促进幼师生儿童文学素养和能力的提高》[J]. 当代学前教育（4）：19-22.

体育课程在实现职业教育人才培养目标中的价值

于海平

摘　要

体育课程改革一直是体育一线工作者研讨的话题。随着高等职业教育的不断发展，体育课程在注重基本职能的基础上，还要注重学生的主体地位，要符合高职院校的发展要求，培养学生的职业能力和职业素养，从而突出体育课程在职业教育人才培养目标中的价值。本文基于体育教学一线工作经验和对兄弟院校的调查访问，探索分析高等职业教育人才培养中的体育课程定位以及构建思路，为高职院校体育课程的发展提供一些参考意见和建议。

关键词

体育课程；职业教育；人才培养；价值

高等职业教育以技术应用能力为主线，以适应社会需要为目标，培养高等技术应用型专门人才，它是我国高等教育的重要组成部分。随着社会经济的迅速发展，各个行业对专业人才职业标准的不断提升，我国高职院校的人才培养模式也在不断改革创新，职业教育课程体系面临严峻挑战。体育课程作为学校课程体系中的公共基础必修课程之一，应如何体现高职教育人才培养的职能，如何实现体育课程服务专业人才培养的价值呢？这是高等职业院校体育教师需要解决的问题。

一、研究对象与方法

（一）研究对象

本文研究对象为四川省内高职院校。

（二）研究方法

1. 文献资料法：通过查阅中国期刊全文数据库和相关书籍，搜集与本研究相关的文献资料，为本文提供相关理论依据。

2. 访谈法：同四川省内高职院校体育教学专家和一线教师进行交流，分析目前体育课程存在的问题，以期为高职院校体育课程的发展提供参考。

二、高职院校体育课程存在的问题

（一）职能部门不健全，对国家文件精神传达不够

相关职能部门不健全，对国家相关文件和信息传达不到位，导致很多教师对有关体育课程方面的信息不了解。有的院校对体育课程不重视，这也是高职院校体育课程改革受限制的重要原因之一。例如，以教育部《全国普通高校体育课程教学指导纲要》为基础制定的《全国普通高等职业（专科）院校公共体育课程教学指导纲要（试行）》，明确将体育课程目标划分为健康达成目标和职业发展目标，充分说明了高职高专体育课程不仅具有增强学生体质的基本职能，还能使学生具备快速适应工作岗位的职业能力与职业素养。但在某些高职院校中，该文件精神没有及时宣传落实，很多一线体育教师不清楚高职院校体育课程教学发展的最新动态，因此，体育课程改革以及高职体育发展便无从谈起。

（二）体育教师观念滞后

体育教师观念滞后主要体现为以下几点：一是体育课程在学校课程体系建设中没有得到足够的重视，导致很多体育教师安于现状、不求进步，尤其体现在课程改革方面，一些体育教师总认为学生能够动起来、出出汗就达到了教学目标，使得体育教学改革不能很好地落实；二是关于体育教师能力提升方面的培训太少，很多年轻教师想提升但没有学习进修的机会，导致“闭门造车”的现象较为严重，不利于体育教师的业务素质和专业技能的全面发展和提高；三是体育课程的育人能力欠缺，教学中多数以教授技能为主，对体育课程的课程思政内容涉及较少，一些教师甚至不清楚什么是课程思政，什么是体育课程思政。

（三）传统的体育课程设置已经不适应职业教育的人才培养

近年来，体育课程一直在不断地探索改革，很多普通高校和高职院校的一线体育教师也一直在探索以学生为主体、教师为主导的各种教学模式，但是这些一线教师大多都是以增强学生体质、提升运动兴趣为目标来设置教学内容和改进教学方法，而这些都是围绕体育课程的基本职能进行的改革创新。21世纪的职业教育在不断发展，高等职业院校的人才培养也应满足时代的需求。因此，传统的体育课程内容结构已经不能在高等职业院校人才培养中凸显其价值。

三、体育课程在职业教育人才培养中的核心价值

根据体育课程的性质和任务，结合一线教师对职业教育中体育教学理念和实践经验的整合，分析总结出高等职业教育人才培养目标中体育课程的核心价值主要体现在以下几方面：一是健康第一，基础性。高职院校体育课程始终以“健康第一”为指导思想，通过体育活动强化学生生理功能，不断增强学生对体育运动的认识，培养其正确的价值观。二是素质本位，科学性。体育课程的素质目标是通过科学合理的体育教学活动，在锻炼身体、增强体质的基础上，掌握科学锻炼身体的方法，提升体育素养，养成终生锻炼的意识。三是能力核心，功能性。针对专业所对应的职业岗位的标准，采用多样化的教学形式与方法，设置符合专业特点、提升学生职业实用性技能水平和职业素质的特色内容，以强化学生职业能力与职业素养。四是服务专业，技能性。体育课程要根据高职院校人才培养目标，结合学生专业特征，顺应职业岗位的要求与职业资格标准，合理设置教学内容，为社会培养出更多优秀的职业应用型人才。

四、结合高职教育人才培养构建体育课程

（一）职业院校体育课程定位

体育课程依据高职院校的办学理念，有机结合专业特点、岗位特征，以“健康第一、素质本位、能力核心、服务专业”为原则，充分融入课程思政，针对各师范教育类、文化艺术类、机电工程类、商贸旅游类、农林畜牧类等相关专业特点和所对应的职业岗位与职业体能要求，有效利用科学、合理的体育教学内容和教学手段，在提高学生身体素质的同时发展学生职业能力与职业素养，是高职院校课程体系的重要部分，也是实现高职院校人才培养目标的重要途径。

（二）职业院校体育课程构建思路

职业教育人才培养注重校企融合，突出专业与职业岗位、专业课程内容与岗位工作内容相结合的职业教育模式。而体育课程作为公共基础必修课程之一，亦要根据高职院校人才培养目标，以“健康第一、素质本位、能力核心、服务专业”为原则，构建形成“理论基础模块、身体素质/职业体能模块、职业技能模块”三大模块。从课程设计到评价的各个环节，结合专业特点、岗位需求，逐步完成对高职传统体育课程理念的改造。在课程整体设计中充分挖掘融入课程思政元素，注意发挥教师主导作用和学生的主体地位，有效调动学生的课堂参与积极性，引导启发学生主动思考和解决问题的能力。在对接岗位需求发展学生职业体能的同时，培养学生与职业相关的运动技能，让体育课程真正体现出服务专业的特点。

（三）教学内容更加“职业化”

教学内容的设置是体育教学改革的关键部分，教学内容的“职业化”并不

是摒弃体育课程的基本职能，而是在保证体育课程基本职能的基础上，结合学生专业特点、职业特征，选择有利于发展学生职业素养、职业能力的教学内容，突出体育课程在高职教育人才培养目标中的实用价值。例如，工程技术类专业的理论基础模块选择针对预防职业性身体损伤的相关知识，职业技能模块选择工间操等内容。

五、结论与建议

本文从高等职业教育人才培养目标的角度重新审视高职院校的体育课程，以“健康第一、素质本位、能力核心、服务专业”为原则，初步构建包括理论基础、身体素质/职业体能、职业技能三个模块的体育课程。同时，以体育基本职能为基础，结合高职院校职业实用性人才培养机制，有针对性地设计教学内容，在增强学生身体素质、提升学生运动技能水平的基础上，强化学生的职业体能与职业技能，发展学生的职业能力与职业素养，并与专业人才培养形成合力，突出高等职业教育人才培养目标中体育课程的价值。

参考文献

陈翔，2013. 试行的《高职体育课程指导纲要》与《普通高校体育课程指导纲要》的对比研究［J］. 运动，18：102-103.

邱团，梁颖，李月红，2010. 工学结合模式下高职高专体育课程改革［J］. 黑龙江高教研究，11：107-109.

杨璠，2014. 从高职教育人才培养目标看高职院校体育课程设置［J］. 价值工程，12：285-286.

中华人民共和国教育部. 教育部关于加强高职高专教育人才培养工作的意见［EB/OL］.（2000-01-17）［2021-03-20］. http://www.moe.gov.cn/s78/A08/tongzhi/201007/t20100729_124842.html.

张诗雄，2012. 学习《全国普通高等职业（专科）院校公共体育课程教学指导纲要（试行）》的思考［J］. 当代体育科技，2（31）：86-87.

现代职教理念在会计基础教学中的运用

何 叶

摘 要

当前为适应国家的发展，教育部门提出了发展现代职业教育的理念，着力为国家培养应用型技术人才。高职院校应根据目前会计教学的现状，更新教育理念，实行教学改革，以此培养出更多实用型、创新型的会计人才。本文将论述现代职业教育理念在会计基础教学中的运用。

关键词

现代职教理念；会计基础教学；教学改革；实际运用

近年来，由于国家政策的大力支持，高职院校的数量不断增加，职业教育得到迅速发展。会计学作为一门与时俱进的热门学科，越来越受到广大家长及学生们的青睐。而“会计基础”这门课程是会计学的一门基础性课程，学生应给予高度重视。在会计教学中，大多数教师仍采用传统的教学方法，这种教学方式只注重教师的“教”，而忽略了学生的“学”，不符合现代职教理念，也不适应创新教育模式的发展。因此，下面就“会计基础”课程教学的新理念、新方法进行探讨。

一、高职院校会计专业的现状

目前，我国高等职业教育正面临前所未有的发展机遇和挑战，如何在已有的认识和实践的基础上树立新的教学理念、进行教学改革是我们需要研究的问题。由于职业教育的快速发展，高职院校会计学科的发展及教育模式还没有真正形成一套完整的体系，各所高职院校会计专业课程水平参差不齐，“会计基础”课程开设标准也截然不同，存在许多弊端。学院教学设备及实验器材不完善 、课程设置混乱，重理论、轻实践等成了大部分高职院校的通病。这些因素导致学生缺乏学习兴趣、教师教学质量不高，学院成了学生混日子的地方。

二、教育理念更新是会计基础教学改革的前提

1. 职业教育理念是新的教育理念

在传统教育理念中，教师的角色就是“传道、授业、解惑”，教师全面掌控学生的学习情况，重点传授知识，而缺乏对学生学习能力的培养。这种理念已不能适应经济社会发展的需要。随着知识经济时代的到来，国家教育部门提出了现代职业教育的理念，它是对职业教育的本质、功能、发展规律的哲学思考和理性认识。当前，我国高等职业教育的课程建设正处于转变模式、与时俱进的关键阶段，我们必须认清高等职业教育面临的新形势，突出高等职业教育以就业为导向、以能力为本位的办学思想，以岗位职业能力为核心，打造校企合作平台。职业教育既要满足社会发展需求，又要满足学生个性发展的需要。因此，教师要树立培养学生全面发展的新理念，即培养面向市场经济环境，适应各类企业需求的具有创新意识、具备良好职业道德的高素质会计人才。

2. 职业教育理念推动教学改革

针对当前会计教学的现状，笔者做过一些调查，会计专业大部分学生进入工作岗位后，连基本的“做账”都难以达到单位的要求。因此，企业纷纷表示希望各职业院校在培养学生时要注重对能力的培养，除了学习课本上的理论知识，更重要的是要将理论知识运用在实践中，做到“做中学，学中做”，“教、学、做”融为一体，学生毕业后就可以直接上岗，也符合各用人单位的需求。因此，教师在更新教育理念的前提下，应树立“以学生为主体”的意识，积极参与教学方式的改革。比如在“会计基础”教学方面，要摒弃“填鸭式”的教学方式，探索积极引导学生学习的教学方式，处理好知识传授与能力培养的关系，引导学生质疑、探究、在实践中学习，培养学生获取知识、处理信息的能

力，促进学生自主学习。

三、现代职教理念在“会计基础”教学中的具体运用

1. 采用多种教学方法，提高学生的学习兴趣

财经类课程的学习容易让学生感觉枯燥，因此其学习兴趣会大大降低。在“会计基础”教学中，教师可以采用任务驱动法，让学生带着任务和问题去学习，并且教师可以将班级学生分成不同的小组，在课堂上分小组讨论、竞赛，从而大大提高学生的学习兴趣。由于教学内容较多，课时相对较少，因此教师教学进度较快，学生课后如果没有复习，就会导致对所学内容遗忘程度大，无法深入理解知识，所以在教学环节中教师可以在讲解知识点的同时，让学生练习，以加深学生对所学知识的印象。学生在掌握知识点后，教师可以引入案例进行实践教学，比如在讲会计凭证的填制审核以及传递时，可以让学生分别扮演不同的角色，确定每个角色在整个经济业务运行过程中的作用及任务，以便更加牢固地掌握知识点。在设计教学内容时，教师应根据班上学生的整体情况确定教学方式。高职阶段，学生的兴趣广泛，好奇心重，比较关注当下的热点问题，获取信息的渠道也非常多。因此，教师在教学过程中可以多运用信息化手段，增加实际操作的环节，模拟财经操作环境，让学生提前感受工作的氛围。

2. 理实一体，培养学生专业技能

除了开展理论知识教学，实践性教学也是会计教学不可缺少的环节。采用传统的手工做账模拟和采用电算化软件做账模拟是较好的实践性教学方式。学生可以通过实践教学，强化理论知识，将所学理论转化为专业技能，为以后从事会计工作奠定基础。

（1）“会计基础”是项目化教学，在学习了理论知识后教师可以让学生进行单项实训。在教学中，可分别进行凭证、账簿的实训。由于凭证、账簿的种

类繁多且填制要求非常严格，所以在理论知识讲解的同时提供给学生各种仿真的凭证、账簿，通过实务举例，让学生边学习边填制，完成后让学生在会计软件中填制，以提高学生对知识点的掌握程度。理论知识教学完成后，教师可以让学生在会计手工模拟实验室全面模拟手工做账，把学生分为采购、出纳、会计、审核、会计主管等职务，结合实际工作中典型的经济业务，指导他们完成从建账到编制报表整个环节的实际操作，并实行岗位轮换制度，以便让他们熟悉各个岗位的工作内容。教师应在实践过程中强调需要注意的问题以及以后在现实工作中可能会遇到的一些问题。实训不但可以使学生熟悉会计核算的内容和流程，还可以使学生更加了解以后的工作岗位和工作内容。

（2）随着经济的快速发展，教学越来越现代化，会计电算化软件做账逐渐取代了传统的手工做账。现在的企业基本上都是用软件做账，与之相对应的高职院校的财经专业基本上也都配置了多媒体教学演示系统和会计实训室，安装了会计教学软件，实现了教学手段现代化。学生在手工做账模拟的基础上，再用电算化软件模拟做账，会更加清楚会计核算的内容和流程，为以后能够快速上岗打下基础。

3. 培养学生自主学习意识，提高学生的综合能力

笔者认为，现在高职院校的大部分学生缺乏自主学习的能力，但在这个学习阶段，他们最需要学会的就是自主学习。自主学习是学生运用已学习的知识，独立获取新知识、新技能，从而具备拓展知识的能力。自主学习不仅可以提高学生学习的积极性，也可以培养学生的独立性和主动性。第一，自主学习可加深学生对会计知识的认识。如教师在讲解记账凭证的填制时，可采用直观的教学手段演示记账凭证填制的全过程，让学生通过观察，自主地去学习，提高其解决问题的能力。第二，自主学习可加强学生的理解能力及动手能力。教师在授课时要注意引导学生产生自主学习的欲望，使学生在课后能够自觉进行复习和预习。在某些单元的教学中，教师还可以采用比赛的方式，如编写会计分录，

填制凭证等，以此激励学生自主学习，培养学生的动手能力。第三，自主学习可有效激发学生的潜能。学生养成了自主学习的习惯，在遇到问题时就不会依赖老师，而会积极主动地去想办法解决问题。而且学生在学好本专业课程的前提下，还可以自学其他感兴趣的课程，拓宽自己的知识面，充实头脑。

参考文献

何传添，刘中华，常亮，2014. 高素质国际化会计专业人才培养体系的构建：理念与实践：中国会计学会会计教育专业委员会 2013 年年会暨第六届会计学院院长论坛综述 [J]. 会计研究，1：91-93.

刘永泽，孙光国，2004. 我国会计教育及会计教育研究的现状与对策会计研究 [J]. 会计研究，2：75-81.

孟宪平，2002. 试论职业教育的课程改革 [J]. 职教通讯，1：37-38.

万福，于建福，2000. 教育观念的转变与更新 [M]. 北京：中国和平出版社.

于威，2004. 自主学习有助于财会教学效果的提高 [J]. 中国学校教育探究，1 ：12-13.

姚正海，2011. 财务管理专业与会计学专业教育教学改革研究 [M]. 成都：西南财经大学出版社.

曾月芬，2012. 培养实用性人才：会计教学方法浅析 [J]. 现代阅读（教育版），19：47.

高校思想政治理论课程中新媒体应用的意义及策略

——以“思想道德修养与法律基础”课程为例

鲁　立

摘　要

思想政治理论课程是落实立德树人根本任务的关键课程，是适应大学生成长成才需要的重要课程。教育信息化2.0为思想政治理论课程教学提出了新目标、新任务，新媒体在高校思想政治课程中的应用逐渐凸显出其重要性。本文通过探索在思想政治理论课程中运用新媒体的有效合理策略，使思想政治理论课程的教学与时代同行，这既是信息化教育的要求，又是提升课堂实效性的需求。

关键词

新媒体；高校；思想政治；信息化教学

习近平总书记在2016年12月7—8日全国高校思想政治工作会议上指出，要运用新媒体新技术使工作活起来，推动思想政治工作传统优势同信息技术高度融合，增强其时代感和吸引力。这为高校思想政治教学工作指明了方向，提供了路径。新时代高校思想政治课程教学要运用新媒体思维，科学合理挖掘新媒体的教育潜能，这是提高思想政治理论课程教学实效性的必要之举。

一、新媒体在思想政治理论课程教学中应用的重要性

习近平总书记在学校思想政治理论课教师座谈会上强调，要推动思想政治理论课程改革创新，就要不断增强思想政治理论课的思想性、理论性和亲和力、针对性。新媒体技术为推动思想政治理论课程改革创新奠定了基础。新媒体的应用目的在于使思想政治理论课程“活”起来，让学生“动”起来，从而增强课程的吸引力和感染力。在思想政治理论课程的教学中，要充分发挥新媒体特点，提升学生在课堂中的参与性、积极性，并在一定程度上改变学生在传统教学中被动学习的模式。

随着新媒体技术的不断创新发展，新媒体技术在教学工作中的广泛应用突

破了传统教学模式，为思想政治理论课程的教学提供了新思路、新方法。新媒体技术在教学工作中的有效应用，在一定程度上推动了教师教学水平的有效提升。新媒体技术在教学工作中的合理应用，进一步促进教师在教学过程中对思想政治理论内容有更全面深入的解读，提升了思想政治理论课的实效性。新媒体技术在教学工作中的高效应用，符合高校思想政治工作要因事而化、因时而进、因势而新的规律，为思想政治理论课程教学的创新奠定了重要基础。

二、新媒体在思想政治理论课程教学中应用的可行性

（一）传播特征适应信息化教学的要求

新媒体可通过文字、图像、声音等多媒体化的形式来进行传播活动。借助新媒体技术的教学模式能带来视觉和听觉上的新体验，使教学内容更直观生动，教学模式在新媒体的辅助下更有吸引力。新媒体传播速度快，其传播的时效性满足了思想政治理论课程教学应与现实生活相联系，将现实问题与教学内容相结合应用到课堂中的要求。新媒体的发展加快了信息的碰撞，促进了人与人之间、不同行业之间的交流。在教学中，教师借助新媒体平台组织学生讨论分析，与学生有效互动，调动学生主动性，提高其分析问题和解决问题的能力。教育信息化是教育现代化的必由之路。

（二）传播方式双向化增强学生主体意识

思想政治理论课程的教学模式通常为合班制。由于几个自然班合成一个大的教学单位，在传统教学中，教师很难实现与学生一对一的沟通，无法关注每一个学生的思想动态。而新媒体的信息传播从以往传统媒体的单向传播发展成双向传播，具有良好的交互性。在合班教学的模式下，教师可通过新媒体技术平台，如微博、微信、QQ 等与学生及时交流。通过新媒体手段可进一步提高教学的实效性和学生的参与度，充分发挥学生的主体作用。

（三）传播形式多样化丰富课堂教学手段

新媒体与传统媒体的区别之一在于新媒体的传播形式更加丰富。丰富的传播形式拓宽了教学渠道，更新了教学手段。在新媒体环境下，教师可通过新媒体及时与学生进行沟通交流。还可根据不同的教学内容借助新媒体技术，采用各种课堂教学手段，将固有的知识形象化、简易化、趣味化，使课堂更生动，更符合学生学习的特点，更贴近学生的实际生活，增强了课程的吸引力，扩大了课程的影响力。

三、新媒体在思想政治理论课程教学中应用的原则性

（一）客观严谨原则

一是新媒体的优势在于信息传播速度快、传播数量大，人们获取信息更加快捷高效。但各大媒体为了争抢第一手报道，一味追求“快”，导致新闻的真实性受到质疑。教师选择媒体新闻案例教学时，应关注新闻的真实性，多选择具有公信力、权威性的官方媒体的报道。

二是信息传播迅速，提升了信息的不可控性。由于新媒体信息传播无序、真假难辨，不断发生的网络反转现象是新闻生产与传播在新媒体时代呈现出的新特点与新变化。这需要教师进一步了解新媒体的特点，提高辨析能力，对新闻保持高度敏感，对新闻进行多方面、多角度的合理分析，并运用思想政治理论对其进行全面深入的解析，帮助学生形成正确的认识。

三是新媒体增强了与受众的互动性，提升了表达的自由度。新媒体运行与传统媒体相比成本低、门槛低，导致其成为一些不良信息的传播载体。大学生群体思想观念多元多变，接收信息的渠道也很多，这就需要教师以主流思想观念引导多元思想，坚持主流舆论，树立正确导向。

（二）灵活创新原则

新媒体应用与思想政治理论课程的教学是一个深度融合的过程，需要在教学中不断探索，把握好教学内容与新媒体应用的契合点，避免生搬硬套，片面迎合，无效应用。发挥好思想政治教育的传统优势，结合思想政治教育规律，借助新媒体技术特点，针对教学内容，将其合理融入教学中。把握好教学手段与教学目的的关系，明确教学手段始终服务于教学目的，引导学生利用新媒体手段分析问题、解决问题。通过恰当的教学手段，充分彰显思想的力量和理论的魅力，新媒体手段应用得恰到好处使教学锦上添花，过度包装则顾此失彼。

四、新媒体在思想政治理论课程教学中应用的有效性

（一）情境教学策略

新媒体更新了教学方式方法，使传统的教学模式在一定程度上受到挑战。在传统的教学模式中，特别是理论性较强的教学环节，存在教师唱独角戏的情况，单一的教学模式导致学生的抬头率不高，积极性不强。新媒体技术打破了过去教学模式的局限性，教师在教学中可利用新媒体手段丰富教学方式。采用情境教学策略，能够促进学生对教学内容的进一步理解，有利于更好地达成教学目标。

1. 创设情境

《思想道德修养与法律》第三章“弘扬中国精神”，讲授“中国精神是兴国强国之魂”的内容时，教师推送学习任务，学生体验网上展馆，采用网上展馆与教学内容相结合的方式，完成该部分教学。网上展馆以新媒体平台为依托，运用全景观展技术，采取多媒体互动叠加图文、音视频等形式，360度全景展示展览现场，生动再现展览全貌。如：庆祝中华人民共和国成立70周年大型成就展，通过网上展馆的形式使学生身临其境地感受新中国成立70年来的伟大历

程和辉煌成就，教学更形象、直观，不仅内容丰富，还拓展了教学场景和视野，与时俱进，有效突破了重难点。

2. 引发思考

《思想道德修养与法律基础》第五章“明大德守公德严私德”，在讲授社会公德这部分内容时，为了使学生设身处地、感同身受，教师使用学校全景地图，让学生置身情景中，结合校园生活，自导自演情景剧，表演无秩序的场景，深刻体会没有秩序的生活，并设身处地谈感受，领悟学习的意义。辅以学习通对“无序的公共生活会给我们带来什么影响？谈谈你的感受？”这个话题进行讨论总结，引发学生思考，让学生在情境中充分感知公共生活需要公共秩序。

（二）线上线下衔接教学策略

通过新媒体建立互动师生关系。学生在高中阶段已接触学习过《思想道德修养与法律基础》第一章“人生的青春之问”的部分内容。由于该部分教学内容较抽象，理论性较强，在教学中，教师采用了线上调查的方式，了解学情，根据学情布置线上学习任务，并结合线下课堂完成教学。学生通过慕课平台等完成相关理论知识的学习，提前了解学习过程中会遇到的困难；教师线下结合本章节内容进一步讲解，在课堂中与学生共同解决难题，答疑解惑，充分发挥教师的主导作用和学生的主体作用。

教师针对当代大学生恋爱中存在的问题，有序组织学生进行辩论赛，利用QQ平台实现与学生之间的对话，建立同向同行的师生关系。新媒体平台的多种功能使学生广泛参与、积极讨论、学在其中，较好地构建了“教”与“学”良性互动机制，使学生在各抒己见中，明是非，辨真伪，并运用所学知识正确分析评价与恋爱相关的现实案例。

（三）发现策略

新媒体激发了学生学习的兴趣。发现策略的提出，激发了学生的内在动机，使学生主动思考，总结出解决问题的方法。

教师将《思想道德修养与法律基础》第五章“明大德守公德严私德”中有关社会公德的教学内容制作成 H5 页面“假如校园也有朋友圈”，生动有趣地展示社会中存在的各种现象，组织学生进行讨论，使学生更加明确学习的意义，突破学习难点。信息化时代的来临，极大地促进了新媒体的发展，在很大程度上改变了文化的产生方式和传播方式。当代大学生作为新媒体的主要受众，受新媒体的影响较大，因此，在教学中合理使用新媒体，能够克服过去思想政治理论课“填鸭说教”的弊端，通过学生喜闻乐见的方式，较好地达到润物无声的效果。

五、结语

综上所述，新媒体技术在高校思想政治理论课程中的应用，为信息化教学提供了新的载体。在教学中有效使用新媒体技术，有利于发挥学生的主体作用，激发学生的学习积极性，丰富教学资源，提高教学效率。教师在教学中，还应不断提升专业水平，不断改进教学模式，提升新媒体的应用能力，提高新媒体素养，从而增强思想政治理论课的思想性、理论性、亲和力、针对性，实现师生之间同频共振。

参考文献

李华忠，2017. 新媒体新技术与高校思政课深度融合探究 [J]. 中国报业，18：26-28.

李谦，2017. 创新思政课课堂教学模式提升思政课教学质量：以大学生思政公开课大赛为视角［J］. 党史博采（理论），11：61-62.

吴晶，胡浩. 习近平：把思想政治工作贯穿教育教学全过程［EB/OL］.（2016-12-08）［2021-02-05］. http://www.xinhuanet.com/politics/2016-12/08/c_1120082577. htm.

王志立，2018. 网络舆论场域中新闻反转现象的传播学反思［J］. 新闻爱好者，2：45-48.

央视网. “伟大历程 辉煌成就：庆祝中华人民共和国成立70周年大型成就展”网上展馆全面上线［EB/OL］.（2019-09-29）［2021-02-12］. http://tv.cctv. com/2019/09/29/VIDEcBLT1rL4riwtUVOu6xh0190929. shtml? spm = C31267. PFsKSaKh6QQC.S71105. 167.

师范专科大一新生对教师资格考试的态度和看法的研究

曾　华

摘　要

本文主要研究教师资格考试对大一新生产生的心理影响，以及学生的心理准备状况。总体来说，大一新生普遍对获取教师资格证愿望强烈，但对考试本身的特点了解不够、了解途径单一，有比较普遍的过度焦虑心理。本文通过引导大一新生对专业产生喜爱、对教师资格考试以及对教师资格考试与学习之间的关系形成正确的认识，以解决大一新生面对的考试难题。

关键词

大一新生；教师资格考试；认识状况；意见建议

从 2016 年全国开始正式组织教师资格考试以来，是否取得教师资格证，已成为检验师范生是否合格的一个重要指标，通过该考试也是师范生未来从事教师行业的入门条件。一个必须通过的国家级考试，会对大一新生产生何种心理影响？大一新生对这个考试是否有足够的心理准备？这是本文需要重点研究的问题。

在大一新生入学三个月后，笔者采用问卷调查的方式进行研究。向小学教育专业大一新生发放问卷 309 份，回收有效问卷 305 份；向学前教育专业大一新生发放问卷 480 份，回收有效问卷 475 份。在小学教育专业大一新生中，高中为文科生的占 60.3%，为理科生的占 39.7%；在学前教育专业中，高中为文科生的占 61.7%，为理科生的占 38.3%。两个专业大一新生高中阶段的学习背景总体差异不大。

一、两专业大一新生“对专业的喜爱程度”与“从事教育行业的愿望”之分析

通过调查统计分析，学前教育专业大一新生对专业的喜爱程度稍高。如

表1所示，小学教育专业大一新生非常喜爱和比较喜爱自己专业的人数占总人数的69. 5%，而学前教育专业大一新生非常喜爱和比较喜爱自己专业的人数占总人数的72. 4%，两个专业的大一新生总体上对自己选择的专业喜爱程度差异不大。

通过数据的对比分析，小学教育专业有66. 7%的大一新生，学前教育专业有65. 4%的大一新生，对未来从事教育行业的愿望非常强烈或者比较强烈。总体来看，两个专业的大一新生对专业非常喜爱或比较喜爱的比例与未来从事教育行业愿望非常强烈或比较强烈的比例基本相同。但仍有33. 3%的小学教育专业大一新生和34. 6%学前教育专业大一新生，对未来当教师的愿望一般或不强烈。从现实状况来看，未来教育行业的激烈竞争以及教育行业将面临的一系列问题等，对师范生未来从事教育行业的愿望可能会有一定程度的负面影响。

表1　两专业大一新生“对专业的喜爱程度”与“从事教育行业的愿望”之分析

专业	对专业的喜爱程度			从事教育行业的愿望		
小学教育专业大一新生	非常喜爱	比较喜爱	一般、不喜欢	非常强烈	比较强烈	一般、不强烈
	69. 5%		30. 5%	66. 7%		33. 3%
学前教育专业大一新生	非常喜爱	比较喜爱	一般、不喜欢	非常强烈	比较强烈	一般、不强烈
	72. 4%		27. 6%	65. 4%		34. 6%

二、两专业大一新生“通过考试的愿望”与“从事教育行业的愿望”之分析

如表2所示，两个专业分别有92. 8%和93. 9%的学生，对通过教师资格考试的愿望非常强烈或者比较强烈，这说明绝大部分学生希望在毕业时能取得教师资格证。但两个专业还是有高达33. 3%和34. 6%的学生未来从事教育行业的愿望为一般或者不强烈。两者之间的对比在一定程度上表明：大一新生普遍对

取得教师资格证的愿望强烈，但同时，三分之一左右的学生还没有明确未来从事教育行业的意愿。

表 2　两专业大一新生“通过考试的愿望”与“从事教育行业的愿望”之分析

专业	通过考试的愿望			从事教育行业的愿望		
小学教育专业大一新生	非常强烈	比较强烈	一般、不强烈	非常强烈	比较强烈	一般、不强烈
	92.8%		7.2%	66.7%		33.3%
学前教育专业大一新生	非常强烈	比较强烈	一般、不强烈	非常强烈	比较强烈	一般、不强烈
	93.9%		6.1%	65.4%		34.6%

三、学生对教师资格考试的认识状况

（一）学生对教师资格考试的了解程度不深

如表 3 所示，只有 7.1%的小学教育专业大一新生和 14%的学前教育专业大一新生，对教师资格考试的政策、内容、难度等非常了解或者比较了解。41.9%的小学教育专业大一新生和 42%的学前教育专业大一新生对教师资格考试了解程度一般。另外还有高达 51%的小学教育专业大一新生和 44 %的学前教育专业大一新生对教师资格考试并不了解。也就是说，一半左右的大一新生进入师范教育专业时，对教师资格考试，以及对教师这个职业的了解并不深入。

（二）学生了解认识教师资格考试的途径比较单一

如表 3 所示，有 86.2%的小学教育专业大一新生和 79.1%的学前教育专业大一新生，主要通过任课教师了解教师资格考试；9.7%的小学教育专业大一新生和 7.8%的学前教育专业大一新生，主要通过网络了解教师资格考试。这些数据说明：学生上网的时间不少，但只有少数人会通过网络去了解教师资格考试的相关信息。

表3　两专业大一新生对教师资格考试的了解程度及了解途径

专业	对教师资格考试的了解程度			对教师资格考试的了解途径		
小学教育专业大一新生	非常了解、比较了解	一般	不了解	通过任课教师	通过网络	其他
	7.1%	41.9%	51%	86.2%	9.7%	4.1%
学前教育专业大一新生	非常了解、比较了解	一般	不了解	通过任课教师	通过网络	其他
	14%	42%	44%	79.1%	7.8%	13.1%

（三）学生认识教师资格考试的主动性不够

如表4所示，一方面，95.8%的小学教育专业大一新生和92%的学前教育专业大一新生认为教师资格考试比较难或非常难。结合表3数据分析可知：学生认为教师资格考试难度比较大，但却很少主动了解教师资格考试的内容和考试政策等，缺乏主动性。

（四）学生对能否通过教师资格考试心存担忧

如表4所示，76%的小学教育专业大一新生对能否通过教师资格考试顾虑非常多或比较多，只有24%的学生顾虑较少。学前教育专业大一新生中，75.8%的学生顾虑非常多或者比较多，顾虑较少的人数占24.2%。总体情况说明，大一新生初步接触教师资格考试时对其认识不全面，会形成一种过度焦虑的心理状态，而这种过度焦虑的心理状况，会对大一新生的生活和学习产生多方面的负面影响。

表4　两专业大一新生对教师资格考试难度的认识及心理状况

专业	对教师资格考试难度的认识和看法		对教师资格考试的忧虑担心	
小学教育专业大一新生	非常难、比较难	不清楚	非常多、比较多	一般或不担心
	95.8%	4.2%	76%	24%
学前教育专业大一新生	非常难、比较难	不清楚	非常多、比较多	一般或不担心
	92%	8%	75.8%	24.2%

（五）大一新生对大学的学习生活认知比较理性

虽然大一新生对教师资格考试和从事教育行业的愿望等看法不一致，但他们普遍对自己的大学学习和生活有着比较理性的认识。有86%的小学教育专业大一新生和77%的学前教育专业大一新生，并不认为“到了大学就轻松多了”，这说明学生在意识层面上能认识到大学期间需要靠自己努力学习，但同时也应意识到需要把这种正确积极的意识转化为实践。

四、建议

（一）引导学生正确认识考试本身

教师资格考试有其自身考试的特点、目标和重点。作为一个国家级的考试，教师资格考试在考试形式的正规性、考试出题阅卷的标准性、考试内容和考试深难度的均衡性方面，均有其规律和特点。但教师资格考试作为一种目标参照性测试，与高考、公务员考试等常模参照性测试还存在本质性区别，与学校期末自编测试也有区别。可以通过专业讲座、思想教育渗透专业课程学习等方式，引导大一新生正确认识教师资格考试本身的目的、特点、内容等，消除或者减轻大一新生对教师资格考试过度焦虑的心理状态。

（二）专业兴趣带动从教愿望

常言说，“兴趣是最好的老师”。对于师范生来说，对专业的喜爱程度与未来从事教育行业的愿望，两者之间存在着明显的正相关。师范专业可以在合适的时间，开设能够提高专业兴趣和增强从教愿望的专业讲座、专业书画展等活动，以专业兴趣带动从教愿望，以从教愿望促进专业学习。

（三）专业考试促进学习提升

任何考试本身只是一种检测手段，而且是一种即时性的检测手段，它无法说明一个学生的专业知识掌握程度和专业能力状况。教师资格考试作为一种国家级考试和一种目标参照性测试，其目的是以考促学，而不是以考分类。通过专题讲座、专业考试渗透专业课程学习，以考促教、以考促学，才能把教师资格考试与专业课程教学有机结合起来。作为对专业素质和专业能力要求较高的教师行业来说，专业知识的充实和专业能力的提升，才是教师资格考试的终极目标。

参考文献

陈琦，刘儒德，2019. 当代教育心理学［M］. 3版. 北京：北京师范大学出版社.

韩春华，孙芳，2019. 国考背景下五年制高专学前教育专业学生教师资格证考试影响因素的调查研究：以宁夏某高专学校学前教育专业学生为例［J］. 现代职业教育，30：110-112.

曾华，2016. 新教师资格证“国考”的特点及重要影响分析［J］. 当代教育实践与教育研究，4X：230-231.

"几何画板" 在高等数学课堂教学中的应用研究

周 锐 李建华

摘 要

"几何画板"是一个通用的数学教学环境，它是动态的，具有快捷、多变的特点，可以满足大部分数学教师在教学方面对作图的需要，为大学生学习数学提供丰富的想象空间，激发他们的创造力。将几何画板引入高等数学教学能使抽象内容形象化，将微观转化为宏观，有利于帮助学生构建、理解数学概念，促进数学思维活动过程的可视化。

关键词

几何画板；课堂教学；教学效果

随着计算机多媒体的出现和飞速发展，网络科技广泛应用于各个领域，学校教育也随之发生了巨大变革。计算机辅助教学是大学教学必不可少的手段之一，尤其为高校数学教学带来了便利性与拓展性。

一、几何画板主要功能介绍

（一）动态的图形功能

（1）几何画板，顾名思义是“画板”。像许多 Windows 环境下的绘图软件一样，它提供了画点、线、圆等的数学工具。例如，它可以将线分为线段、射线和直线，可以画出正圆，实际上相当于计算机上的直尺和圆规，帮助用户快速地绘制常用的尺规图形。因此，它能画任意一种欧几里得几何图形，并且注重数学表达的准确性。

（2）几何画板做出的图形可以是动态的，也可以在图形变动时保持设定不变的几何关系。如设定某线段的中点后，线段的位置、长短、斜率变化时，该点的位置虽然发生变化，但永远是该线段的中点；设定为平行的直线在动态中永远保持平行。由于能“在运动中保持给定的几何关系”，几何画板就可以运用在"变化的图形中，发现恒定不变的几何规律"，为我们开展数学实验、进行探究式学习提供很好的工具。

（3）功能强大、操作简单，不需要进行编程，教师、学生皆可使用。

（二）简便的动画功能

几何画板可以针对几何教学的要求制作动画和移动对象，以表现几何体的运动；也可以把一部分"切割"下来，通过按钮控制它的分离与拼合。利用这一功能，还可以让几何体转动，产生三维效果图，并且通过按钮控制转动的快慢或者暂停，培养学生的空间想象能力。

（三）有趣的变换功能

几何画板提供了平移、旋转、缩放、反射等图形变换功能，可以按指定值或动态值对图形进行变换，也可以由用户自定义向量、角度、距离、比值来控制这些变换。这样一来，用几何画板就可以研究运动、变换等一些非欧几里得几何问题。几何画板还能对动态的对象进行"追踪"，并显示该对象的踪迹，如点的踪迹、线的踪迹，形成曲线或包络。利用这一功能，学生能够预先猜测轨迹的形状，看到轨迹形成的过程以及轨迹形成的原因，为观察现象、发现结论、探讨问题创设较好的情境。

（四）强大的图像功能

几何画板支持直角坐标系和极坐标系，支持由 $y=f(x)$，$x=f(y)$，$r=f(\theta)$，$\theta=f(r)$ 确定的图像或曲线。用几何画板可以画分段函数的图像，甚至画出分成任意段的函数图像。几何画板支持多种坐标系的选择，不但可以做出直角坐标系下方程所表示的曲线，也可以做出极坐标系下方程表示的曲线；不仅能制作出由普通方程给出的曲线，还能做出由参数方程给出的曲线。

二、几何画板在高等数学教学中的应用研究

在“高等数学”的教学中，更多的是抽象、难以理解的理论知识。而教师选中几何画板作为教学课件的制作平台之一，就是看中其强大的图像展现能力及简便的操作性能，学生可以将想象与实际联系在一起，观察图形的运动变化，数形结合、探究数学规律。几何画板的运用不仅可以强化数学定理、性质的学习效果，同时，还能提高学生的学习兴趣，增强课堂教学效果，培养学生的探究能力。

（一）几何画板帮助学生形成数学概念

数学概念在学生看来是抽象的、晦涩难懂的，但是利用几何画板将课本上的理论知识转化为图像，甚至动画，可以激发学生的学习兴趣，增强学生对数学的热爱。

应用举例1：极限问题

例：第一个重要极限：$\lim\limits_{x\to 0}\frac{\sin x}{x}=1$。

教师在课堂中讲到“两个重要极限”这部分内容时，内容抽象，大部分学生很难充分理解，但是此结论很重要，并且会运用于后续很多函数极限、数列极限的计算。对于“第一个重要极限：$\lim\limits_{x\to 0}\frac{\sin x}{x}=1$”，按传统的教法，教师基本都会查表列举出 $\sin x$ 与 x 的值，然后组织学生计算它们的比值，观察比值的变动趋势，得出当 $x\to 0$ 时 $\frac{\sin x}{x}\to 1$ 结论。这种方法不仅耗时，学生理解起来也很困难，证明过程比较模糊，即使教师不断讲授与解释，说服力也不强，教学效果不好。但加入几何画板辅助教学后，同样的内容可以按下面的方式讲授。

课中：（1）教师组织学生用手机 GeoGebra（手机动态几何画板）作图，生

成动态视频，观察图像当 $x \to 0$ 时，$y=\frac{\sin x}{x}$ 的运行趋势。学生可以根据图形的变化很快得出趋向于 1 的结论。

（2）教师同时借助几何证明图（见图 1）和学生自己做的动态图形（见图 2），引导学生边观察边进行严格的证明，将抽象内容形象化、可视化，学生很快就能理解“第一个重要的极限”的由来。学生注意力集中，感兴趣，教学效果非常好。

综合以上过程，采用几何画板辅助教学，可以使学生采用不同的方式理解这个重要极限，多方面促进学生数学概念的形成。

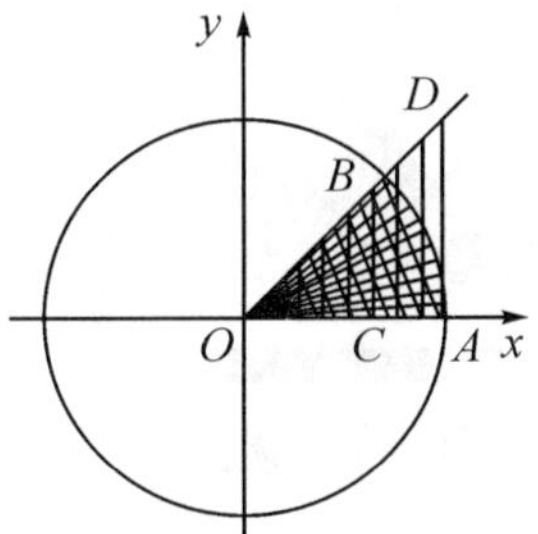

图 1　几何证明图

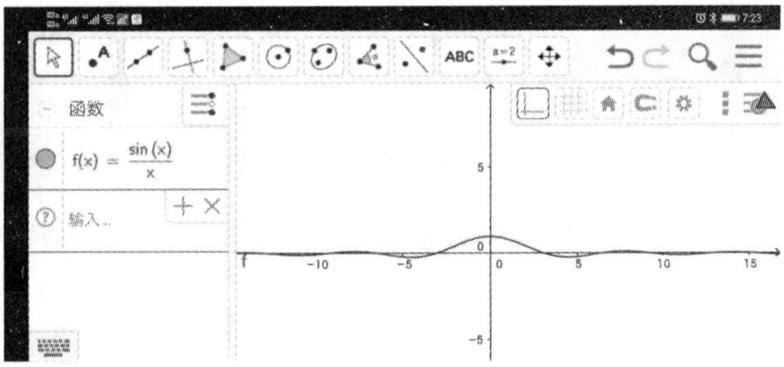

图 2　GeoGebra 生成图

（二）几何画板帮助教师讲解数学知识，突破教学难点

利用几何画板为学生讲解数学知识，如讲解“高等数学”中复杂图形求面积、求体积问题时，有的学生并不能完全理解所学知识，缺少直观的感受。但根据几何画板画出的曲线图形，能使学生更加直观地感受到问题传达的意思。运用几何画图将学生无法理解的问题展示出来，提高了学生对数学的研究欲望；学生将几何画板作为学习辅助工具，自己动手发现、探究数学的奥秘，师生互动，可以提高学生的学习积极性和教学质量。

应用举例 2：对于复杂图形求面积、求体积问题

例：一平面经过半径为 R 的圆柱体的底面中心，并与底面形成的夹角为 α 。

计算这个平面截圆柱体所成的立体的体积。

传统教学首先是教师徒手画出三维坐标，画出立体图形，做出截面、直角三角形，引导学生得出用于积分的数量关系。由于图形复杂，教师很难画出“好看”的立体图形及内部结构，学生面对这种“变形”的立体图形，很难找出相应的数量关系，因此，教师只有借助真实模型才能把这种问题讲清楚，教学效率很低。但运用几何画板后，可以这样进行教学。

（1）教师组织学生拿出手机，引导学生借助几何画板画出题目所表达的几何立体图形（见图3a、图3b）。

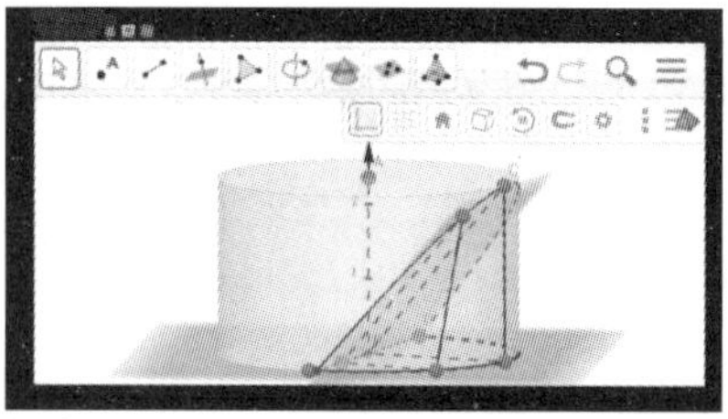

图3a　平面截取圆柱体效果图

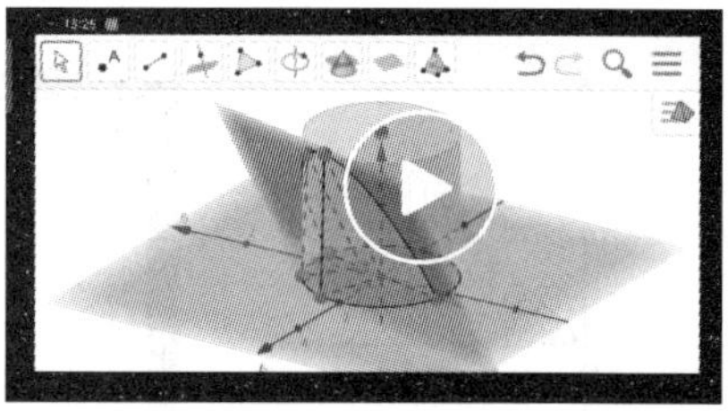

图3b　平面截取圆柱体视频展示

（2）引导学生在图中取平面与圆柱体底面的交线为 x 轴，底面上过圆心中心且垂直于 x 轴的直线为 y 轴，自然得出底面圆方程为 $x^2+y^2=R^2$。在教师的引导下，学生很快得出图形中过 x 轴上的点 x 且垂直于 x 轴的截面是一个直角三角形，它的两条直角边的长分别为 y 和 $y\tan\alpha$，即 $\sqrt{R^2-x^2}$ 和 $\sqrt{R^2-x^2}\tan\alpha$，从而得出截面面积 $A(x)=\frac{1}{2}(R^2-x^2)\tan\alpha$。

（3）学生依据定积分几何意义，很自然地求出了立体图形的体积：

$$V=\int_{-R}^{R}\frac{1}{2}(R^2-x^2)\tan\alpha dx=\frac{1}{2}\left(R^2x-\frac{1}{3}x^3\right)\Bigg|_{-R}^{R}=\frac{2}{3}R^3\tan\alpha$$

此例题，学生通过几何画板不仅可以做出静态的立体图形、观察图形的形状，还可以通过推动截面，观察截面走过的轨迹，即为生成的立体图形，也就是我们需要计算图形的体积，同时还可生成动态视频，方便回看。教师注重教学的启发性，给学生留出充足的想象空间，引导学生积极思维，突出重点、突破难点，帮助学生形成空间观念、探索几何特性，教学效果和教学质量明显提高。

（三）几何画板帮助学生把无法想象的图形变成可见的图形

在头脑中构建一些数学图形是十分艰难的，但学生利用几何画板可以加深对高等数学的理解。几何画板具象化了数学中抽象和不易理解的部分，让学生可以直观地理解高等数学知识。

应用举例 3：空间曲线在坐标面上的投影问题

例：设一个立体由上半球面 $z=\sqrt{4-x^2-y^2}$ 和锥面 $z=\sqrt{3(x^2+y^2)}$ 所围成，求它在 xOy 面上的投影。

在传统教学中，教师只有借助教材提供的图片和发挥学生的想象力来进行教学。教师完全靠讲授法进行教学，大部分学生还是无法突破难点，教师讲得艰难，学生学起来吃力，长此以往，教学效率低下，教学效果不好。但运用几何画板后，教师可以改变教学方法。

（1）教师组织学生拿出手机设置参数，利用几何画板画出图形，生成投影（见图 4a、图 4b）。

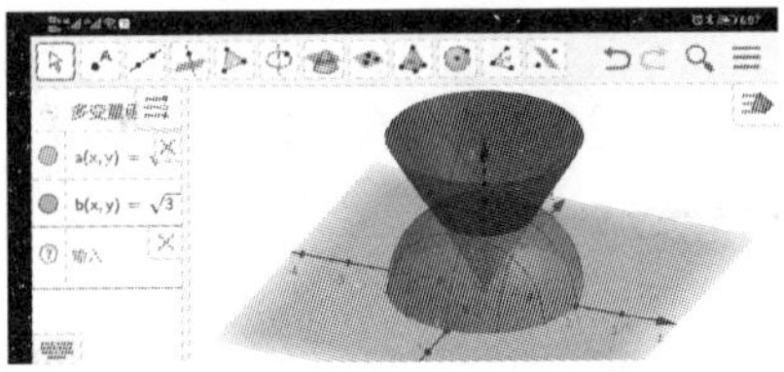

图 4a　截面生成图

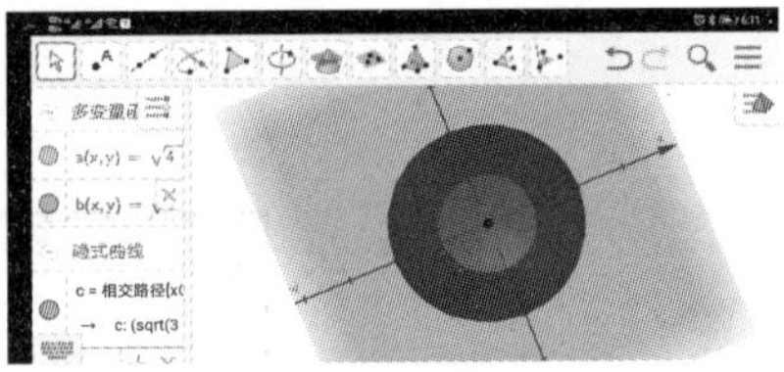

图 4b　投影展示图

（2）分组完成数量关系分析。

（3）教师引导学生联立方程 $\begin{cases} z = \sqrt{4 - x^2 - y^2} \\ z = \sqrt{3(x^2 + y^2)} \end{cases}$，消去 z，得到 $x^2 + y^2 = 1$，学生便知道这是一个母线平行于 z 轴的圆柱面，这恰好是交线 C 关于 xOy 面的投影柱面，然后借助画出的图形，观察出交线 C 在 xOy 面上的投影曲线为 $\begin{cases} x^2 + y^2 = 1 \\ z = 0 \end{cases}$，是在 xOy 面上的一个圆。由此便可得出结论，所求立体在 xOy 面上的投影，就是该圆在 xOy 面上所围的部分，即 $x^2 + y^2 \leqslant 1$。顺利地突破难点。

三、高等数学应用几何画板进行教学的过程资料展示

图5、图6、图7、图8是应用几何画板进行教学的资料展示。

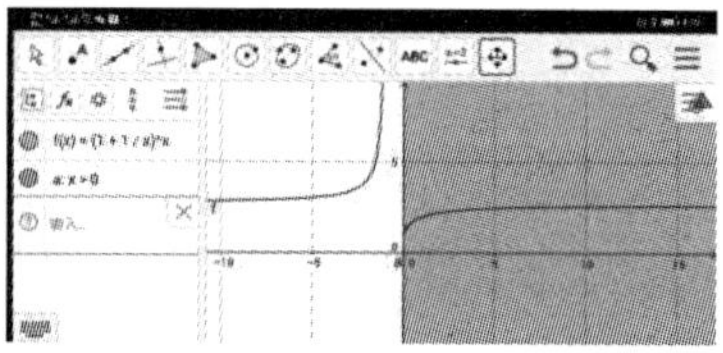

图5　第二个重要极限结论

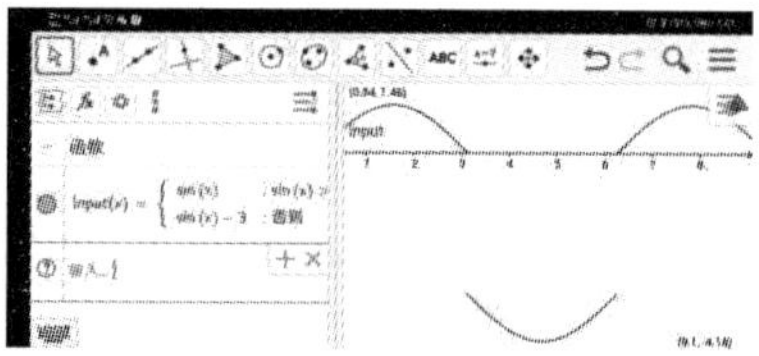

图6　“笑脸”函数

图7　牟合方盖

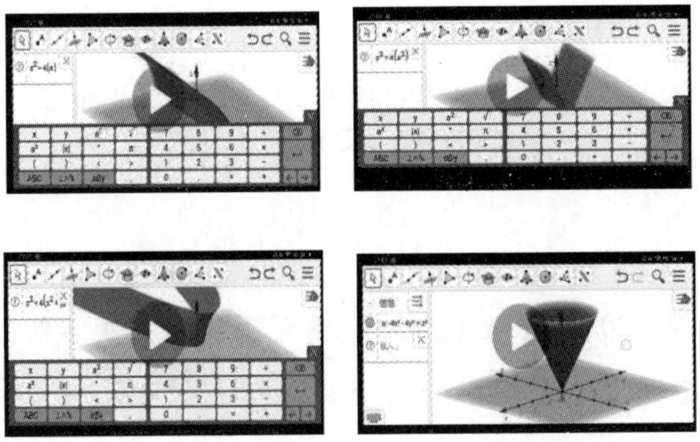

图 8　圆锥面 $z^2 = 4(x^2 + y^2)$ 生成视频

四、结语

在课堂教学中使用几何画板进行辅助教学可以得出以下结论：几何画板的运用大大提高了课堂教学效率和效果；学生学习理论知识不再枯燥无味；极大地帮助教师在教学中突出重点和突破难点，变不可能为可能；“以学生为主体”变为现实，符合职教理念。动态、形象的演绎过程深受学生喜欢，变枯燥的“高等数学”学习为好玩的游戏，体现了著名数学家陈省身说过的“数学好玩”这句话；培养了学生积极思考、善于分析讨论的精神。在传统教学中，教师认真备课、上课，但是学生总是听不懂或听得模糊，而运用几何画板将传统教学中的板书变成动态的分析图，更加直观，不仅使学生理解了知识内涵，还培养了他们解决问题、分析问题的能力。同时，教学手段的变化，还能使学生的整体素质得到提高。

参考文献

曹一鸣，郭衎，2011. 数学教学中的新帮手：动态数学软件 Geogebra［J］. 中学数学教学参考·上半月高中，12：5-7.

林苏榕，2007. 数学实验课的类型及数学软件的选择［J］. 福建广播电视大学学报，6：60-61.

屈清明，季久峰，2004. 几何画板数学课件制作范例教程［M］. 北京：人民邮电出版社.

张建成，陈世兴，2008. 高等数学［M］. 上海：华东师范大学出版社.

张景中，彭翕成，2009. 深入数学学科的信息技术［J］. 数学教育学报，18（5）：1-7.

第二章

技术研究与应用

纯电动厢式运输车动力匹配设计及仿真测试研究

谭仕发

摘　要

近年来，物流运输市场需求激增，而现有纯电动运输车性能不能完全迎合市场需求，导致部分车型滞销，部分车型产能过剩。本文提出一种基于整车性能需求的动力匹配设计方法，经计算分析、仿真测试后能够得出更优的设计目标，为研发设计人员提供一定参考。

关键词

纯电动；厢式运输车；动力匹配；仿真测试

一、概述

近年来，网络购物和电商行业的蓬勃发展推动着物流行业的发展，物流运输需求以及货运物流车的需求不断增加。

在能源危机不断加剧、环境污染压力不断增大、物流运输需求与日俱增的背景下，各大主机厂加快产品研发、专利布局，扩大生产效能，迅速抢占区域市场。然而市场对纯电动运输车的接受度还未达到预期高度，加之部分车型性能并不能满足运输需求，导致大量车型滞销。

鉴于此，笔者进行了大量的市场调研，初步确定了目标车型及参数，并进行该车型的动力匹配设计，再以软件模型进行仿真测试，以验证动力匹配设计的准确性。本文研究路线如图 1 所示。

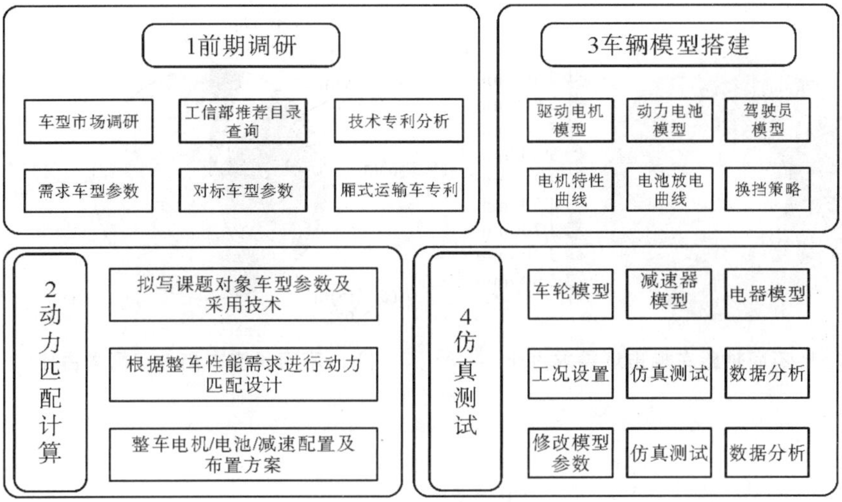

图 1　研究路线示意图

二、车型市场需求调研

目前纯电动运输车应用广泛，行业发展迅速，为确定研究的对象车型，笔者对 2016—2020 年以来的专用车市场进行了广泛的调研。调查显示，2016 年以来，在工业和信息化部（以下简称工信部）发布的各批次《节能与新能源汽车示范推广应用工程推荐车型目录》（以下简称《目录》）中，相关城市物流配送新能源汽车数量激增，电动厢式运输车的品牌和车型的数量也在上升。从各车型的推广应用范围、领域以及销售情况来看，市场需求较大的车型是：

①轴距 3 360mm，封闭型车厢；

②车长 4~4. 5m、货厢尺寸 13~16m^3；

③载重量 4~4. 5t，封闭货箱；

④综合续驶里程 300km，整车价格 30 万元以内。

图 2 为纯电动运输车市场需求。

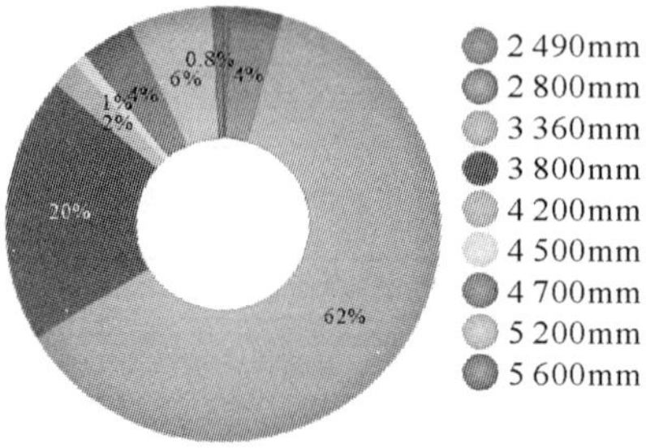

（a）不同轴距车辆市场需求占比

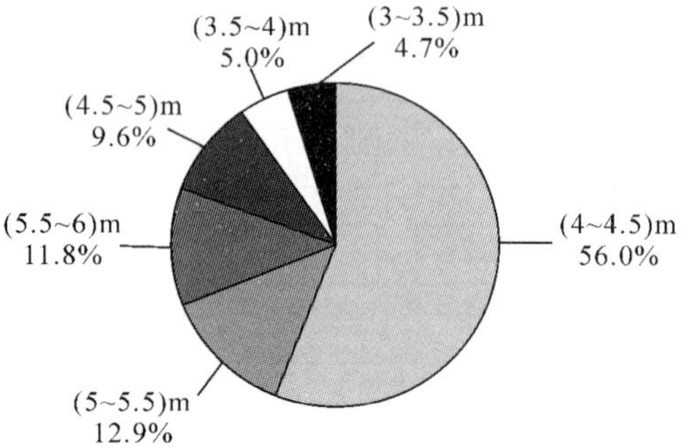

（b）不同长度车辆市场需求占比

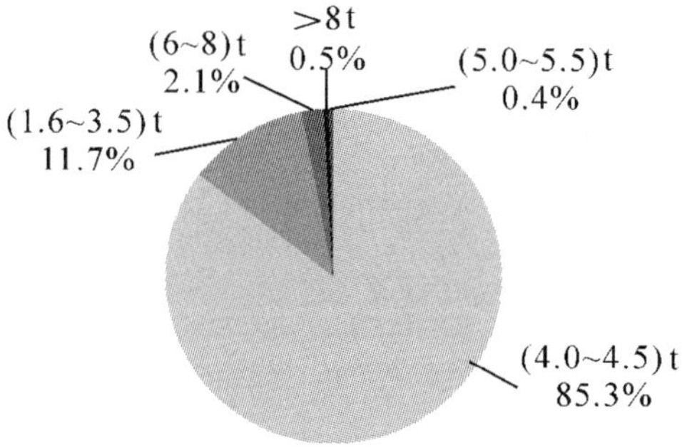

（c）不同吨位车辆市场需求占比

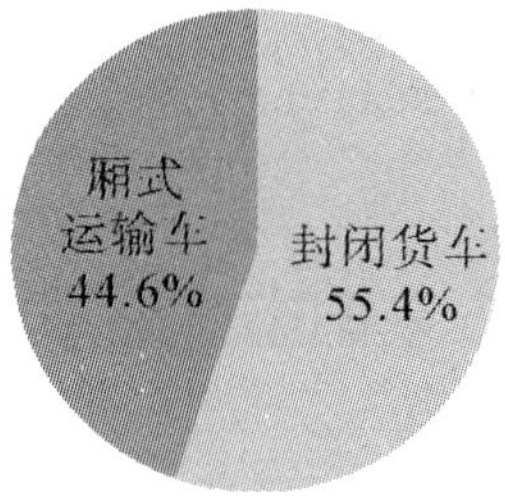

（d）厢式/封闭货车市场需求占比

图2 纯电动运输车市场需求

三、拟定车型参数

根据车型市场需求情况，笔者初步确定运输车参数，查询《目录》，找到对标车型，细化确定目标车型参数以及性能指标。其中，拟定车型选用封闭车厢，全车总长5 995mm，轴距3 300mm，预计载重量4.5t。车型为纯电动驱动形式，驱动电机为中置后驱，可采用传统无动力底盘改装；动力电池至于车架两侧，便于拆装更换及维护，以提升车辆运行平稳性；采用轻质货箱，降低车辆整备质量。拟定车型、参数及性能指标如图 3 所示。

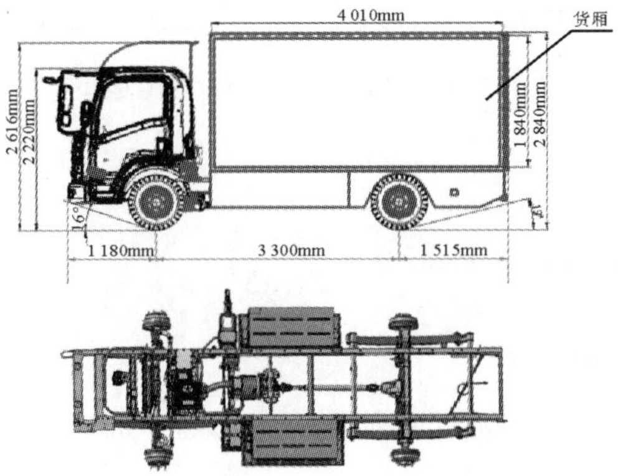

最大质量	M	4 495
整备质量		3 200
最高设计车速		95km/h
30分钟稳定最高车速		80km/h
最大设计爬坡度		25%
爬坡速度		15km/h
滚动阻力系统		0.013
风阻系数		0.8
迎风面积		5.95m²
电机效率		0.92
机械传动效率		0.92
主减速比		6.8
旋转质量系数		1.01
车轮半径		0.376m
0~50km/h加速时间		10

图 3　拟定车型、参数及性能指标

四、动力匹配设计计算

1. 驱动电机功率计算

纯电动厢式运输车驱动电机峰值功率的计算主要是根据整车动力性能指标的要求，即峰值功率应能够满足车辆在各个行驶工况下的最大功率需求。纯电动厢式运输车的动力性指标包括最高车速、最大爬坡度以及加速时间，因此驱动电机的峰值功率应同时满足这三个工况下的最大功率需求，表达式为：

$$P_{er} \geqslant \max\{P_1,\ P_2,\ P_3\} \tag{1}$$

式（1）中，P_{er} 为驱动电机的峰值功率，P_1、P_2、P_3 分别表示最高车速、最大爬坡度以及加速工况下所需的电机峰值功率。

（1）最高车速工况下的峰值功率

根据车辆平衡方程，纯电动厢式运输车以最高车速在水平路面上行驶时，不需要考虑坡度阻力和加速阻力，于是最高车速下的峰值功率需求计算为

$$P_1 = \frac{v_{max}}{3\ 600\eta_t}\left(mgf + \frac{C_D A v_{max}^2}{21.15}\right) \tag{2}$$

（2）最大爬坡度工况下的峰值功率

由车辆在爬坡工况下行驶平衡方程式可知，纯电动厢式运输车在爬坡过程中，不考虑加速阻力。当车辆以某一恒定车速在良好的路面上爬坡时，所能克服的最大爬坡度所需功率为

$$P_2 = \frac{v_a}{3\,600\eta_t}\left(mg\cos af + mg\sin a + \frac{C_D A v_a^2}{21.15}\right) \tag{3}$$

（3）加速工况下所需的电机峰值功率

纯电动厢式运输车的加速能力可由原地起步加速能力和超车加速能力两个指标来评价。纯电动厢式运输车的行驶工况多为城区或城郊，行驶速度一般不是很快，对超车加速能力的要求很低。以0~50km/h起步加速能力评价指标考察纯电动厢式运输车的加速性能，由车辆加速过程中的行驶平衡方程式可知，纯电动厢式运输车在良好水平路面上加速时的瞬时总功率为

$$P_3 = \frac{v_t}{3\,600\eta_t}\left(mgf + \frac{C_D A v_t^2}{21.15} + \delta m\frac{dv}{dt}\right) \tag{4}$$

因此，要同时满足纯电动厢式运输车的动力性指标，包括以最快95km/h、15km/h的速度在坡度为25%的道路上行驶，以及0~60km/h加速时间小于10s，驱动电机的峰值功率须满足 $P_{er} \geq \max\{P_1, P_2, P_3\}$ 。代入数据，设定过载系数，根据峰值功率，初步选择额定功率为50kw的驱动电机。

2. 驱动电机转速计算

纯电动厢式运输车主要行驶在城区和城郊，最高车速设计指标仅有95km/h，因此选择低速驱动电机。对标《目录》中相关车辆信息，经综合分析，取峰值转速为4 500r/min的低速电机作为纯电动厢式运输车的驱动电机。驱动电机扩大恒功率系数为电机最高转速与额定转速的比值，这个值越大，汽车的爬坡性能和加速性能越好，但过大的扩大恒功率系数，也存在功率损耗大的问题。综合考虑电机各方面性能，一般取2~4，驱动电机额定转速的表达式为

$$n_e = \frac{n_{max}}{\beta} \tag{5}$$

式（5）中，n_{max} 为电机峰值转速（r/min）；n_e 为电机额定转速（r/min）。β 取值为 3，计算得出驱动电机额定转速为 1 500r/min。

3. 驱动电机扭矩计算

驱动电机的额定扭矩由电机的额定转速和额定功率共同确定，其表达式为

$$T_e = 9\ 550 \frac{P_e}{n_e} \tag{6}$$

T_e、P_e 分别表示驱动电机的额定扭矩和额定功率。经计算得出，电机额定扭矩为 318N·m，初步确定驱动电机峰值扭矩为 640N·m。

综上，初步选定驱动电机参数如表 1 所示。

表 1　驱动电机参数

主要参数	数值
额定功率/kw	50
峰值功率/kw	95
额定转速/（r/min）	1 500
峰值转速/（r/min）	4 500
额定扭矩/（N·m）	318
峰值扭矩/（N·m）	640

五、仿真测试

在纯电动厢式运输车设计开发过程中，没有足够多的数据和经验作为支撑。为了减少大量成本高、周期长的实物试验，设计人员可以用 CRUISE 仿真软件进行仿真测试，以检验设计的合理性。整车模型包括驱动电机模型、动力电池

模型、驾驶员模型、驱动控制策略等。模型参数设置是 CRUISE 软件仿真过程中的难点，同时，对仿真结果的分析也是相当重要的。

1. 整车模型搭建

笔者搭建的模型为中置后驱型物流车，在软件的工作区中添加所需要的整车模块、动力电池、驱动电机、主减速器等模块，模块建立完成后对整车运行参数、制动控制函数、驱动控制函数以及常数单元模块进行设置（见图 4）。

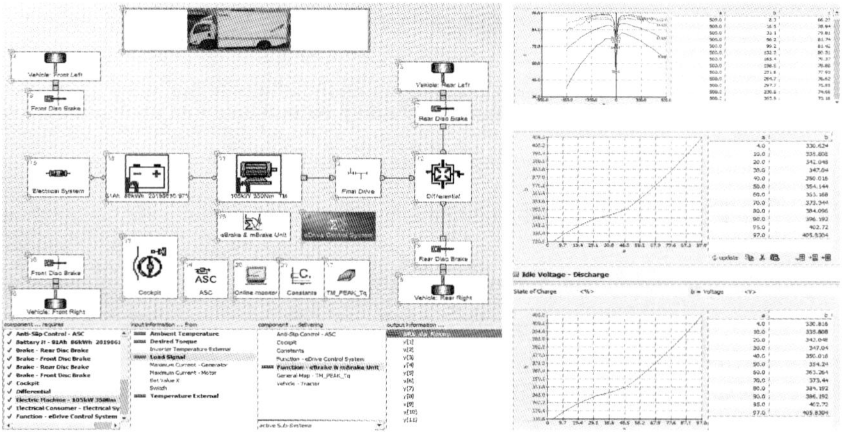

图 4　整车软件模型

2. 经济性测试

对于纯电动运输车来说，在满足动力性的条件下，经济性指标显得尤为重要。纯电动运输车的经济性可以用最大续驶里程来表示，最大续驶里程包括等速续驶里程和百公里电耗。为真实反映运输车的续航能力，笔者选用 50km 等速工况来测试续驶里程，用市郊道路循环工况——EUDC 循环工况的百公里电耗，作为评价物流车经济性的指标（见表 2）。

表 2　经济性指标

经济性对比	对标参数	模型测试结果
百公里电耗（EUDC）	27kW・h	25.8kW・h
续驶里程（50km/h）等速工况	355km	380km

3. 动力性测试

在动力性方面，以最大爬坡度、最高车速、0~50km/h 加速时间作为纯电动厢式运输车的动力性指标（见表 3）。经测试得到最大爬坡度 30%、最高车速 106km/h，0~50km/h 加速时间为 8s，测试结果见图 5。

表 3　动力性指标

动力性对比	对标参数	模型测试结果
0~50km/h 加速时间	10s	8s
爬坡度/速度	25%/15km/h	30%/20km/h
最高车速	95km/h	106km/h

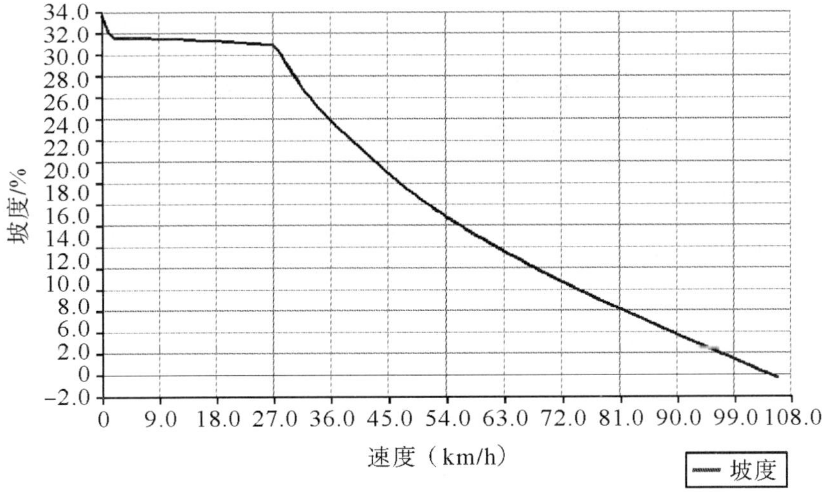

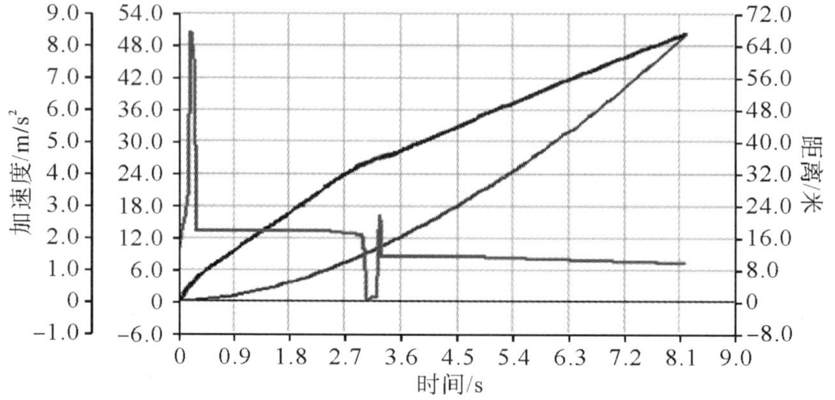

图5 动力性测试截图

六、结语

笔者的研究工作基于物流运输需求激增而现有纯电动运输车性能不能完全迎合市场需求的背景。研究思路是：通过广泛的市场调研得到运输车辆需求信息，然后拟定研究车型参数、找到对标车型，以整车性能为根本要求，进行驱动电机、动力电池、主减速器等的动力匹配设计计算，得出关键参数，再在CRUISE软件中搭建整车模型进行仿真测试，最后将测试结果与对标车型的经济性、动力性参数指标进行对比，得出结论。

本文从整车性能需求出发，深入分析动力系统各部件之间的耦合关系及部件的特性，选择合理的优化方法，以得到具有更优动力性的设计结果。

参考文献

蒋玉爽，2018. 某纯电动汽车动力系统匹配及整车性能仿真与测试［D］. 长春：吉林大学.

王建建，李烨，梁晶晶，2020. 2019 年电动物流车市场分析及 2020 年展望［J］. 专用汽车，3：47-52.

王建建，梁晶晶，2018. 2017 年电动物流车发展回顾与 2018 年展望［J］. 专用汽车，3：63-65.

王嘉琦，彭晶，2019. 浅析新能源城市物流车应用现状与趋势［J］. 内燃机与配件，12：196-197.

激光琴的设计与制作

甘小梅　吴梦粒

摘　要

激光琴是一种观赏乐器，利用光电效应实现信号转换。本文利用单片机设计控制程序，使用 MIDI 方式调制出对应频率的音色，再通过对外观、光学回路和支撑电路的设计及成品制作，实现电子琴的效果。

关键词

激光琴；光学回路；MIDI 音效

激光琴作为一种观赏性竖琴，是一种以激光束作为琴弦的乐器。当我们用手弹拨时遮挡了激光光束，光路被阻断，光敏元件的阻值发生相应变化，引起外电路输出的电信号发生变化，从而控制了音频电路装置发出相应的乐音。本文基于激光琴外观、光学回路、核心部分、外围支撑电路等几部分的设计来深入研究激光琴。

一、激光琴的外观设计

外观设计主要考虑亚克力琴架、元器件连接、调整器件、光路和操作便捷性。整体外观由 CAD 软件完成设计，实物由厚度为 15mm 的亚克力板粘接而成。由于亚克力板按面积计算价格，所以在设计中把配件全装到了主框架内部，以减少开支。图 1 为激光琴的外观设计。

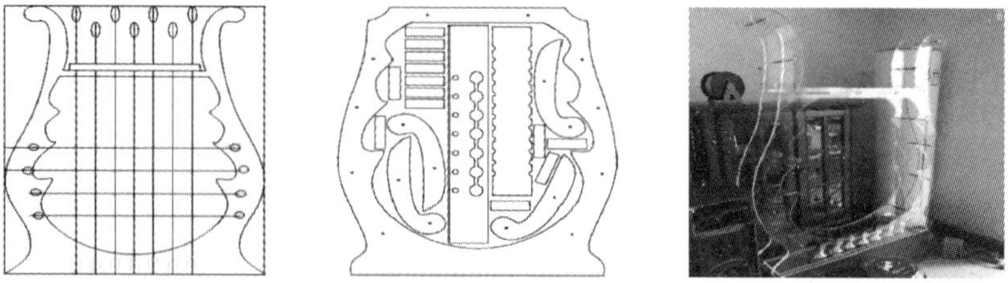

（a）最初设计稿　　（b）优化后样稿　　（c）最终外观

图1　激光琴外观设计

激光琴主框架（2件）尺寸为1 060mm × 1 182mm，主框架和四角上有8.3mm的圆孔、反馈电阻架上有21mm的圆孔。主框架挖空部分内部空间规划如下：

上方四角，“7”形各2孔：　450mm × 200mm 各2件，共4件

底座下方，方板中部挖空：　143mm × 962mm 各1件，共2件

底座上方，方板：　142mm × 745mm 各1件，共2件

光反馈电阻架，方板打7孔：46mm × 558mm 各1件，共2件

激光横向发射架，小方板：　40mm ×142mm 各8件，共16件

荧光绿透明滤光条厚度5mm：30mm ×60mm 1件

亚克力大架由专用黏接剂连接在一起，对边缘不太整齐的地方需多粘接几次，以保障有稳固的结构。两张大架之间使用钢钉连接在一起。为了便于运输，设计成上下两个可独立搬运的部分。激光琴各部分如图2所示。

（a）连接钢钉　　（b）镜面反射台　　（c）激光琴主框架

图2　激光琴各部分

二、激光琴的光学回路

光学回路设计包含对发射部分、接收部分及光学通道的设计。

（一）发射部分设计

可见光范围波长为350~800nm，人眼最敏感区域在550nm附近。从性价比角度考虑，笔者最终决定选择532nm的绿色激光，并为了提高肉眼可见性，选用了15nm的粗激光作为主光源。为提高稳定性并延长使用寿命，笔者选用了100mW激光光模，选配了原厂家配对的3~12V宽电源滤波电路。由于原款发射头太大不易调整角度，经过协商后改选了带有大型安装孔的发射头。

在选择横激光时，为使色彩配合更有趣味性，笔者选用了405nm的5V/20mW可调焦12mm粗紫蓝光激光头。

绿激光发射头最初选用型号见图3。绿激光发射头最终选用型号见图4。横向紫蓝激光发射头最终选用型号见图5。

图3　绿激光发射头最初选用型号

图4　绿激光发射头最终选用型号

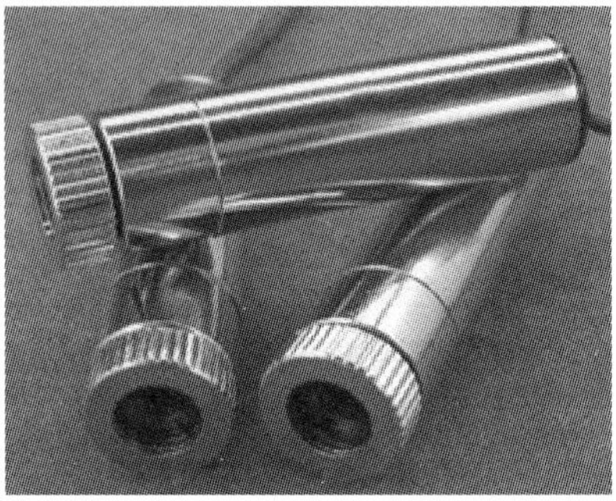

图5　横向紫蓝激光发射头最终选用型号

（二）接收部分设计

接收部分主元件同样选用光谱峰值在560nm、人眼最敏感波段的光敏电阻，配合发射端选用20mm直径大小的、型号为20539的光敏电阻，其参数表如表1所示。

表1　接收部分参数表

最大电压/VDC	最大功耗/MW	温度/℃	光谱峰值/nm	亮阻 kΩ /10Lux	暗电阻 /MΩ	100 γ10	响应/ms		照度电阻特性
							升	降	
500	500	-30～+70	560	50～100	8	0.8	30	30	6

（三）光学通道设计

下方的激光头向上发射激光，遇到上方的亚克力透明平板后，一部分激光被反射回底部，顶部的光敏电阻（见图6）得到的激光的光照值并不相同，大多为50～350nm，而室内灯光或自然光则是680～1 015nm。为了得到更好的效果，我们增加了滤光板和贴黑纸的铝制导光管（见图7），激光经过浅绿荧光色的亚克力板滤光后，光照值变为约550nm，再射入对面长度为80mm的铝制导光管内。为尽量避免环境光的干扰，导光管内壁贴有黑纸，底部是嵌入亚克力板空孔中的 20539 光敏电阻。

图 6　顶部的光敏电阻

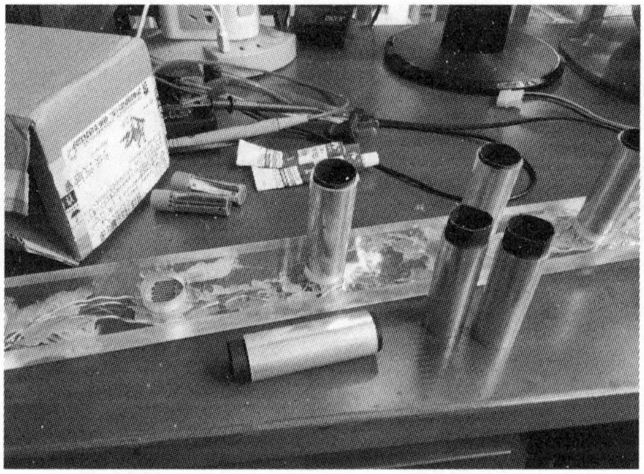

图 7　贴黑纸的铝制导光管

另一部分激光透过上方的亚克力板，由反射镜发送到其他方向，以形成对外发射的光束效果。发射头的角度由激光管下方的可调支架控制（见图 8），支架上部与激光头的连接使用 Φ8 不锈钢对锁子母钉，底盘用 3 个木螺丝固定在亚克力底板上。激光琴底部见图 9。

图 8　安装激光头后的可调支架

（a）常态中

（b）工作中

图 9　激光琴底部

横着的激光只需要从左侧的激光发射器（见图 10）发出，再由右侧的激光接收器（见图 11）接收即可。发射器和接收器均为亚克力材质的小板，都使用相同的方式固定在大的亚克力骨架上，即在对应位置的大亚克力板上打螺丝孔，使用螺丝固定其中一边，这是最简单的调整和固定角度的方式。

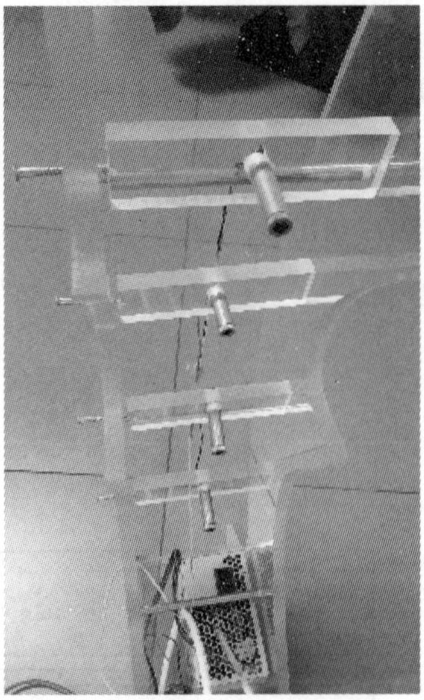

图 10　左侧的激光发射器

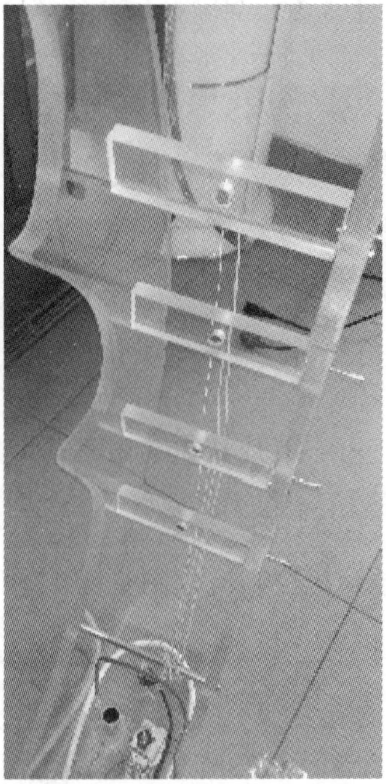

图 11　右侧的激光接收器

由于在空气中激光并不易被观察，镜面反射台上可一左一右摆放两只倒流香陶瓷座，点上倒流香后，烟雾可从平板上的预留孔洞流下。

三、激光琴的核心部分

核心部分主要由单片机和 MIDI 模块构成。

（一）单片机选型

由于需要较多模拟输入（7 根竖光柱+4 根横光柱=11 根光柱），另外后期可能还会加入接近自动通电等功能，所以单片机只能选择 Arduino Mega 2560。Arduino Mega 2560 具有 16 个模拟脚和 70 个数字脚，其中 55~61 脚（A1~A7）

为竖光柱，66~69 脚（A12~A15）为横光柱。

（二）MIDI 模块选型

发声模块使用了标准 MIDI 发声模块，因网上能买到的 MIDI 开发板只有少数几款，所以选择了硬件资料较多的基于 VS1053 的开发板。通过穷举 MIDI 模块中的音色，排除一些不像琴的音色后，挑选出其中十余种音色，分别是 1、4、7、11、15、25、27、29、33、42、73、91、97、103。

（三）单片机控制部分

1. 控制流程图

单片机控制流程图见图 12。

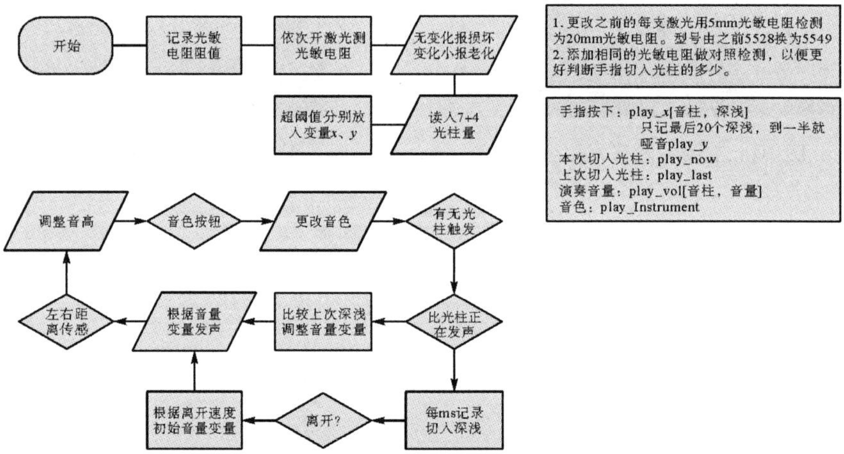

图 12 单片机控制流程图

开机自检：对自身的设备进行检查，如果有问题，则通过声音和亮光进行提醒。

基础功能：实现普通电子琴效果，通过控制激光的显示和检测，根据所拨动光柱的位置换算出对应频率，再使用 MIDI 方式调制出对应频率的音色，通过模拟音频放大电路按动喇叭发出声音。

2. 主要控制部分程序设计

程序设计如图 13 所示。

```
#include  <SoftwareSerial.h>
#include  "DefVar.h"          //定义变量
void  setup(){Self_test();} //自检程序段
void  loop(){
/*============================读光柱：竖光柱和横光柱==============================
1、移动队列，读取当前光值到数组，如果未演奏当前光柱则不动
2、被演奏：最后6个值持续挡得更多为入，减小音量；反之为初始发声，离开越快发声越大
3、被演奏：最后6个值不是一直进或出，则按抖动频率制作弯音效果。
laser.i[i]的[0]是当前光柱值。程序段运行40毫秒左右，约30次/秒
==================================================================================*/
    for(i=1;i<8;i++){         //读竖光柱使用1-7(非0-6)。每读一根都做判断而非读完所有再处理
        laser.i[i].inout=0; //累计判断方向,初始赋值
        tmp=analogRead(i+54);read_last=tmp;          //55-61(A1-A7)竖光柱，不能小于最小值
        if(tmp<350 && tmp==read_last) {
            read_count++;
            if(read_count>6666){                      //数千次都相同则改标准以此为最低值
                read_count=0;
                laser.i[i].ulx=tmp;                   //ulx为最亮值，最亮也意味着电压最低
                laser.i[i].per=(laser.i[i].dark-tmp)*0.07874;
            }
        }
        if((tmp-abs(laser.i[i].ulx))<12) tmp=laser.i[i].ulx;     //差别小就不用计算了
        play=(tmp-laser.i[i].ulx)*10/laser.i[i].per; //手挡量减最低值乘以10除以每份的值
        if (play<1) play=0;if (play>127) play=127;
        //横光柱等于1-4，(数字口比模拟口快，且能判双手)优先与上次不同的8度
        octave=0;for(j=69;j>65;j--) if (digitalRead(j)==HIGH)
            {octave=j-65;if(octave_last!=octave) break;}
        //本把后6次形成循环队列，max6最大，腾出[0]后面要用
        laser.i[i].max6=0;for(j=6;j>0;j--){
            tmp=laser.i[i].depth[j]-laser.i[i].depth[j-1];          //得出两值正负差以判断
            laser.i[i].inout=laser.i[i].inout+(tmp>0)-(tmp<0);  //比值大1,同0,小-1
            laser.i[i].depth[j]=laser.i[i].depth[j-1];          //变量后移形成队列
            if(laser.i[i].depth[j]>laser.i[i].max6)
                laser.i[i].max6=laser.i[i].depth[j];           //寻找最后6次的最大值
        }
    //==========================放大动作幅度(音量最大127)=================================
        laser.i[i].max6=sqrt(laser.i[i].max6)*11.3;
        if(laser.i[i].max6>126) laser.i[i].max6=127;
        laser.i[i].depth[0]=play;                              //55-61(A1-A7)竖光柱
        channel=36+laser.i[i].octave*12+i*2-2-(i>3);           //计算频率(频道)
        channel=channel*((laser.i[i].octave*laser.i[i].max6)>0);//最高值0或上次8度为0
        if(play==0 && laser.i[i].depth[1]>0 && channel>35){    //手出去了就该发声了
            mySerial.write(144);mySerial.write(channel);       //频率
            mySerial.write(laser.i[i].max6);                   //音量
      if(test>0) {
        Serial.print("光");Serial.print(i);Serial.print(":");Serial.print(play);
        Serial.print(", 八度:");Serial.print(laser.i[i].octave);
        Serial.print(", 频道:");Serial.print(channel);
        Serial.print(", 读数:");Serial.print(read_last);
        Serial.print(", 音量:");Serial.print(laser.i[i].max6);
        Serial.print(", 光底:");Serial.print(laser.i[i].ulx);
        Serial.println("==================");}
        }
    //==========================此光柱没有手遮挡则本组数据清零===========================
        if(laser.i[i].depth[1]==0) {
            for(j=8;j>0;j--) laser.i[i].depth[j]=0;
            tril=0;
            laser.i[i].octave=0;    //上次已是0则消除所有记录重新来
        }
        if(octave>0) {              //备份8度值，laser.i[i].octave用于避免8度先于竖光
            octave_last=octave;
            laser.i[i].octave=octave;
        }
    //Serial.println(millis()-starttime);
    }//后设硬件开关：音色选择2位，和弦异音伴奏，音长选择
    if (digitalRead(5 )==LOW) select_music();             //选择音色
    if (digitalRead(35)==HIGH and PowerOFF++ > 9999) {  //人走后等会儿再关电
        digitalWrite(33, HIGH);
        Serial.print("人走了");
        while(digitalRead(35)==HIGH) delay(10);
        Serial.print("来电了");
        digitalWrite(33, LOW);
        Self_test();                                      //重新自检
    }
}

//==================================================================================
//说明：
//    1、此型号光敏电阻在有激光时，值多为50-350，而室内灯光、或自然光环境中则是680-1015
//    2、2560引脚参考:https://wenku.baidu.com/view/73b18f25aaea998fcc220e71.html
//  无声维修：先确定输出是否有声，再查看给功放供电的继电器有无反应
//  只有某个八度：此八度开路
```

图 13　程序设计图

四、外围支撑电路

外围支撑电路主要包括电源和功放两部分。

（一）电源

制作中，单片机和MIDI开发板所需电源为5V，紫色激光模块电压为5V，绿色激光模块电压为12V。由于不是量产，笔者直接使用了扩展版ATX计算机电源，功率分别为3.3V、5V、12V，能够满足本次制作使用。扩展版ATX计算机电源还能在非工作状态下输出+5V StandBy（SB）供单片机工作，并在必要情况下触发PS_ON打开整个电源。利用这个特性，笔者使用了红外漫反射开关，在使用SB供电情况下，使用者在开关处挥手即可正常开机，并提供单片机使用的5V工作电压和功放使用的12V工作电压。当使用者远离后，开关可自行切断。其中，功放由单片机通过光电耦合器控制继电器在电源供电后数秒再延时开机，以避免刚开机时的电流冲击。

（二）功放

分析激光琴的一般使用场合进行，从使用空间大小可估算所需功放大器的功率为50~120W。对多个功放进行价格和性能对比后，笔者选择了由东芝5198和东芝1941对管制做的功放成品。该功放额定功率为80W，峰值功率为500W，可以推1只电阻为4~8欧、尺寸为8~12寸的喇叭，带标准莲花插座外音输入，可方便接入电脑、手机或CD等音频进行调试；内置静噪电路，可以消除部分噪音；可根据环境选择全频或增强低频输出；带短路保护和反接保护，双保险设计，即使在调试期间操作不当，也不易损坏。

激光琴亚克力主骨架间距是15cm，能放下6寸的喇叭，喇叭线直接接功率的输出接线端，测试音量能满足普通房间演奏需要。

五、结语

激光琴利用光电效应实现信号的转换。本文通过对激光琴外观、光学回路、核心部分、外围支撑电路等几部分进行设计，利用单片机实现控制，使用 MIDI 方式调制出对应频率的音色，最终实现激光琴的演示目的。

参考文献

江昊臻，2020. 基于蓝牙系统的有参考音乐的激光琴研究 [J]. 科技风，16：80.

程晨，2012. ARDUINO 开发实战指南 [M]. 北京：机械工业出版社.

姚启钧，1981. 光学教程 [M]. 北京：人民教育出版社.

陈学煌，2008. MIDI 原理与开发应用 [M]. 北京：国防工业出版社.

汽车空调系统典型故障分析与排除
——以2005款广汽本田雅阁2.4L汽车为例

陶　非

摘　要

随着汽车行业的迅速发展，汽车已经走进千家万户，广大消费者对汽车的舒适性要求也越来越高。汽车空调使用愈加频繁，其不只用于制冷、供暖，还用于除霜，因此出现的故障也越来越多，主要表现在以下方面：空调系统机械故障、空调系统电器电路故障、冷媒及冷冻油故障、温度控制混合故障以及噪音故障等。本文中，笔者以2005款广汽本田雅阁2.4L汽车为例，结合实践经验，分析列举汽车空调的几种故障，并介绍检测维修的方法，以期高质量、高效率地排除这些故障，为驾驶员和乘客营造舒适安全的驾驶和乘车环境。

关键词

故障分析；诊断；检修

一、2005 款广汽本田雅阁 2.4L 汽车空调系统常见故障分析

2005 款广汽本田雅阁（以下简称 2005 款广本雅阁）2.4L 汽车空调系统如图 1 所示。空调系统使冷气循环流动，不制冷或冷气不足是空调系统的常见故障，归纳起来主要有四个方面的原因：空调系统机械（异响）故障、空调系统电器电路故障、冷媒及冷冻油故障（不制冷）、空调异味。

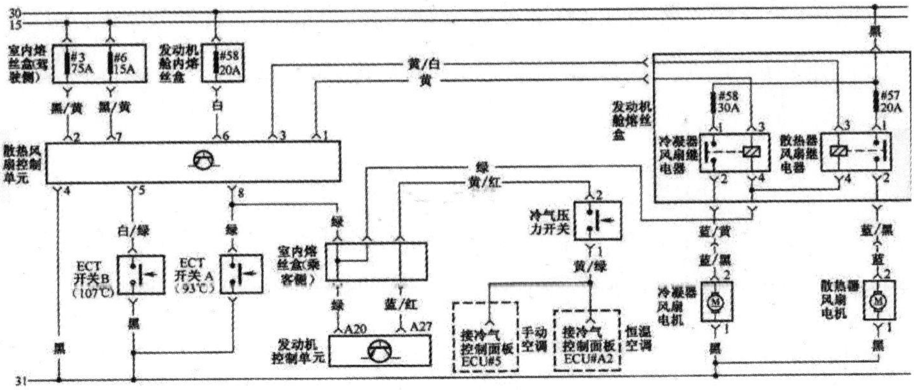

图 1　空调系统示意图

二、2005款广本雅阁2.4L汽车空调系统机械故障及排除方法

2005款广本雅阁2.4L汽车空调系统机械故障主要包括压缩机、冷凝器、风扇、储液罐、蒸发器、鼓风机、膨胀阀等的相关故障（见图2）。

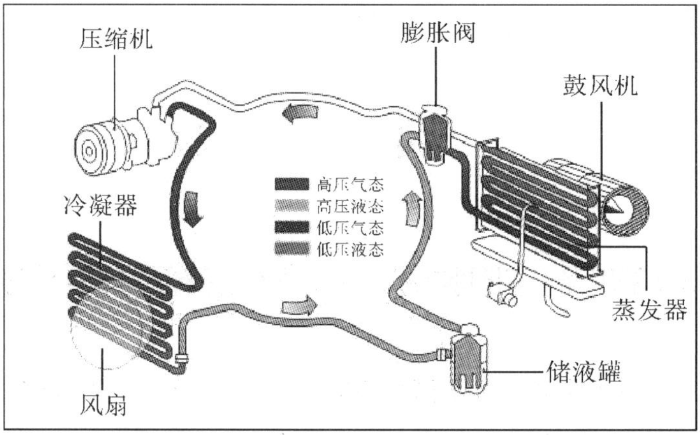

图2　空调系统机械故障的发生部位

故障现象：

一辆2005款广本雅阁2.4L汽车已行驶约20万公里。启动发动机、打开空调慢速行驶或停车时，空调鼓风机附近偶尔发出“咕咕”声并且伴有震动现象。

故障分析与排除：

通过试车发现，在故障发生时关闭空调压缩机后，异响消失。接上空调压力表后进行观察，发现在没有出现异响时高低测压基本正常；当出现异响时，高压测压力升高，低压测压力降低，几秒钟后压缩机跳开，1~2分钟后压缩机再次吸合。以上现象反复出现。

出现这种现象多数是由于空调系统中含有水分。系统运行一段时间后，系

统中的水在膨胀阀处结冰，阻碍制冷剂流动，造成高压高、低压低的现象。在膨胀阀没有被完全堵死之前，高低测压差增大，制冷剂在膨胀阀处的流速增快，在一定条件下会发出响声。更换干燥瓶，并重新给膨胀阀抽真空、加冷媒剂后，故障排除。

三、2005款广本雅阁2.4L汽车空调系统电器电路故障及排除方法

故障现象：

用户按操作程序启动汽车后，鼓风机不工作。

故障分析与排除：

用万用表检测空调继电器，发现继电器工作正常。拔下鼓风机线束插头，检测鼓风机工作电压为0V，发现保险丝损坏、熔断。用解码器连接汽车诊断插座，进入空调系统检测鼓风机数据流，工作电压为3.4V。发现鼓风机不工作，根据电路图查找保险，更换新的保险丝后，鼓风机正常工作。2005款广本雅阁2.4L汽车空调系统电路如图3所示。

四、2005款广本2.4L雅阁汽车冷媒及冷冻油引起的不制冷故障及排除方法

故障现象：

冷媒及冷冻油引起的故障原因有很多，包括制冷剂过多或过少、制冷剂与冷冻机油内含杂质过多造成微堵、空调制冷系统中有水分或空气渗入，以及劣质冷冻油引起制冷不足等。

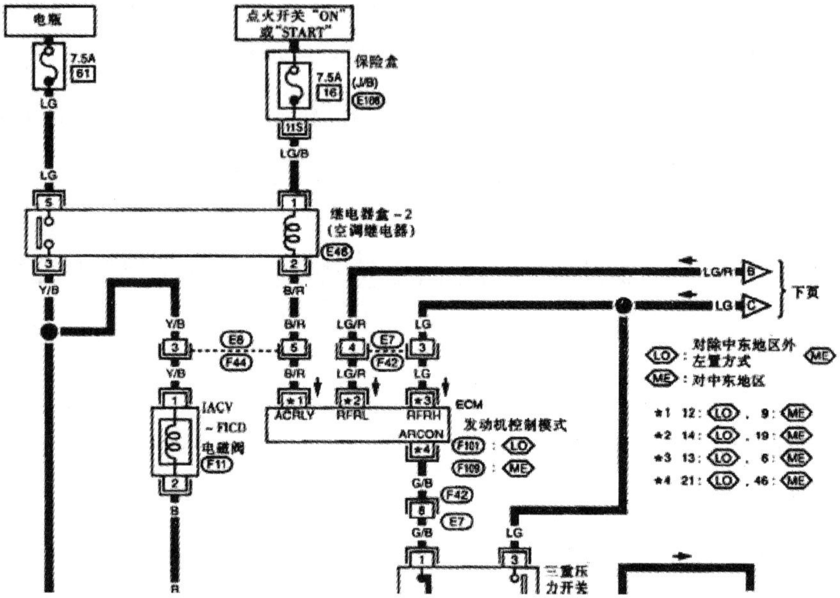

图 3　空调系统电路图

故障分析与排除：

检查制冷剂过多的方法：从干燥罐上方视液镜中观察。如果汽车空调在运转时从视液镜中看不到一点气泡，压缩机停转后也无气泡，那肯定是制冷剂过多。如果加入的冷冻机油量过多，空调系统正常运转时，能从视液镜中看到较为混浊的气泡。

检查制冷剂不足方法：制冷剂不足也可以从干燥罐上方的视液镜中观察到。在空调正常运转时，若视液镜中有连续不断的气泡缓慢产生，则表示制冷剂不足。若出现明显的气泡翻转的情况，则表示制冷剂严重不足或制冷剂与冷冻机油内含杂质过多，导致微堵而引起制冷不足。

当含水制冷剂通过膨胀阀节流孔时，由于温度下降，水在小孔中产生结冰现象，并导致制冷剂流通不顺畅，阻力增大，或完全不能流动。检修方法：停机一会，待冰融化后，制冷系统又会出现正常的状态。这是确认系统中有无水份的重要方法。

当空气进入制冷系统后，会使压缩机排气压力增大、排气温度增高，从而导致输出的制冷量减少、制冷系统密封性变差，或在维修中抽真空不彻底。劣质冷冻油随着制冷剂循环时会沉积在冷凝器和蒸发器表面，这是使空调系统压力增大的原因。检修方法：系统中混有空气时，应放掉制冷剂、抽真空；制冷剂过多时，应放掉多余制冷剂；冷凝器冷却效果差或散热片堵塞、散热不好时，需改善冷却条件。

这里，笔者总结出 6 种空调不制冷的故障及排除方法。

（1）空调系统压力不够、系统内制冷液不足——出风量低，空调制冷效果不好，出风口温度过高，时而制冷，时而不制冷。

处理办法——补充或抽真空测漏，并在修复后重新加注标准压力的制冷液（2005 款广本雅阁 2. 4L 雅阁为 R134a）及压缩机油。

（2）压缩机不运转——冷媒在管路中的工作循环必需依赖压缩机的输送，假如压缩机因冷媒压力异常、线路故障、温度传感器损坏或压缩机电磁离合器烧毁而不能接合运转，那么制冷就会不足。

处理办法——更换温度传感器或电磁离合器。

（3）冷凝器散热不佳——冷媒经压缩机压缩后为高温高压气体，需依赖冷凝器的冷却和膨胀阀的降压才能成为低压低温的液态冷媒，最后到达蒸发器吸收车厢热量而蒸发。倘若冷凝器（位于水箱前方）散热效果不好，比如辅助风扇不运转、冷凝器散热片尘垢堵塞等，便会使冷媒液化不良，降低制冷能力。

处理办法——每次洗车时，用高压水枪从车正前方对准前进风格栅将散热器冲洗一番。若风扇不转了则更换小风扇，必要时需要专业清洁冷凝器。

（4）冷媒管路阻塞——这种情况最常发生在储液罐或膨胀阀上。

处理办法——清洗管路并重抽真空，灌冷媒和更换新品。

（5）出风量太小——制冷不足的原因大多是空气滤网被堵住而导致出风口

吹出的风量太小。现在越来越多的高档车配有活性炭微滤网，它的确能阻绝车外的尘埃和臭味，但这种设备在空气高污染地区很容易就会被堵住。此外，有很多驾驶者使用冷气时总是喜欢把温度调至最低，风量调至最大，等到太冷或太吵时就把风量转小，仅以风量来控制温度。这会造成出口极冷而车厢不冷的情形，且出风口易吹出霜雾导致蒸发器结冰。

处理办法——更换空调花粉滤芯。使用空调时，将温度设置在21℃即可，并在AUTO模式下运行。

（6）混入暖气——由于现代汽车的空调系统大多既能制冷又能供暖，因此，假如在需要制冷的情况下又因冷暖调和板出现故障而混入过多的暖气，就会造成制冷不足。这种情况可从两个现象判断得知：一是在制冷时冷气较热，供暖时候热气较冷；二是引擎室内的冷媒低压管（通常管径较粗且覆有隔热材料）极冷，但冷气却不冷。

处理办法——检查更换暖风配送风道翻板的电机；检查排除电脑控制故障。

五、2005款广本雅阁2.4L汽车空调系统的异味现象及排除方法

在下雨时或一段时间未使用冷气后打开空调，经常会闻到异味，其原因就是系统内部受潮霉变了。解决办法有清洁水箱及冷凝器、清洗空调通风道、更换滤芯。最简单的是清洗通风道：用湿净毛巾堵在空调出风口上，将空调风速调至最大，这样尘土就会吸在毛巾上。另外，还可以使用空调通风道清洗剂，辅以高压气枪清洗2~3次。

另外，车辆在入夏时一定要注意车辆内、外循环系统的使用，很多车型现在都配有自动空调，但有些车型的空调仍为手动式，此时就要注意了：当采用外循环时，空调从车外进风，而内循环则是车内空气循环使用。

六、结语

在检测 2005 款广本雅阁 2. 4L 汽车空调系统故障时，应利用“看、听、摸、测”这四种方法对具体部位进行检查，找出空调系统的故障位置。要遵循“7s 现场管理法”，发扬工匠精神，追求卓越，精益求精，为用户解决实际问题，让用户开放心车，放心开车。

参考文献

陈邦陆，2008. 汽车空调常见故障诊断 [J]. 中国新技术新产品，10：86.

聂尧，2011. 汽车空调故障诊断实例分析 [J]. 汽车电器，5：42-44.

于栋林，杨学良，2009. 汽车空调常见故障及解决方法 [J]. 广西轻工业，25（11）：39-40.

世界技能大赛数控车样题加工浅析

周家领

摘　要

轴类零件的作用在于支撑传动零部件，传递扭矩，承受一定的载荷。而复杂轴零件在实际加工生产中应用比较广泛，在各类比赛中也经常出现，其加工工艺制订是否合理，直接影响产品质量，也直接影响选手的成绩。本文依据机械加工工艺规程步骤，希望通过对零件加工工艺分析、设备选择、装夹方案确定、加工工序确定、刀具选取等，对世界技能大赛数控车项目复杂轴零件加工工艺的进一步优化和改进有所帮助。

关键词

世界技能大赛；复杂轴零件；宏程序编程；工艺分析

数控车床主要是用于回转类零件的加工，例如轴类或者盘类零件的内外圆柱面或内外圆锥面的复杂的回转等。如图 1 所示，该零件出自第 42 届世界技能大赛数控车北京赛区复赛的答辩试题。这个零件结构复杂，但要在短时间内保质保量地进行加工，就要求数控车工对数控车床的性能特点、操作方法十分了解，还要制订出正确的加工方案。

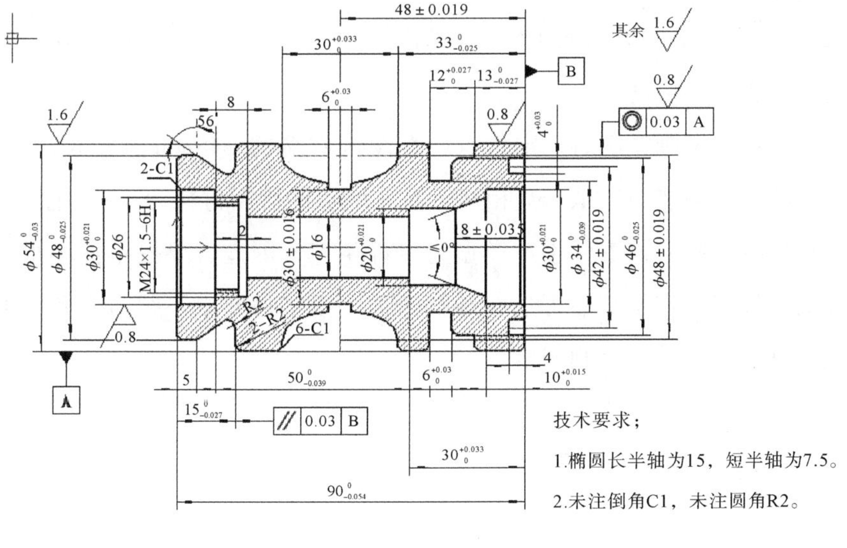

图 1　零件示意图

一、加工工艺分析

分析图1所示零件，其主要加工难点主要有以下几个方面：

（1）φ16mm孔直径较小，加工时刀杆伸出长度又较长，工艺系统刚性较差，容易产生颤动，对工件表面粗糙度影响较大。对于这种情况，要特别注意工艺方法的选择和切斜用量的选择。优先使用硬质合金刀杆，可以有效降低表面粗糙度，也可以采用铰刀铰削加工。对于加工余量的选择可以做一些工艺实践，优先选择出具体的工艺参数。

（2）外圆柱面表面切槽要求表面粗糙度较低，加工时要注意将粗、精加工分开，并注意余量的确定。

根据以上分析，制订此轴零件的加工工艺如下：

（1）图样尺寸。总长度尺寸标有公差值，采用尺寸中值进行加工即可。零件的径向外轮廓尺寸有精度要求，所以加工时应注意内孔和外圆的尺寸精度、质量等问题。

（2）基准先行。以右端面为设计基准，加工相应工序时，要确保右端面的加工质量和表面粗糙度。

此外，加工椭圆轮廓时，定位点应在图纸右端的φ48mm圆柱表面，否则，仿形车刀的刀柄可能与三爪卡盘相互干涉。该零件所用材料为45号钢，切削过程中可不加冷却液。该零件生产类型为单件生产，因此，要按单件小批生产类型制订工艺规程，定位基准可选在外圆表面。该零件要求不得有尖角毛刺，因此要注意倒角处容易有毛刺产生。

二、设备选择

数控车床能自动对轴类或盘类等回转体零件完成内外圆柱面、圆锥表面、圆弧面等的切削加工，并能进行切槽、钻、扩等工作。通过以上分析，考虑加工的效率和加工的经济性，最理想的加工方式为采用数控车床进行车削。由于我校现使用的是FANUC数控系统，所以利用现有资源选择在数控机床LK020A上加工该零件。

三、装夹方案确定

1. 定位基准的选择

在制订零件加工的工艺规程时，正确地选择工件的定位基准有着十分重要的意义。定位基准选择的好坏，不仅影响零件加工的位置精度，还会影响零件各表面的加工顺序。合理选择定位基准是保证零件加工精度的前提，能简化加工工序，提高加工效率。

2. 确定零件的定位基准

综合上述，根据粗、精基准选择原则，由于是轴类零件，在车床上只需用三爪卡盘装夹定位，以毛坯Φ60X91mm棒料的轴线和右端面作为定位基准。

3. 装夹方式的选择

利用三爪卡盘夹持零件的左端，第一次安装加工出零件的右端面、外轮廓面、车外倒角，利用刀座中心钻定位，初加工内通孔φ15。第二次调头装夹，利用卡盘装夹，在保证零件总长的前提下，在精度控制范围内进行粗、精零件的左端面加工，并进行端面倒圆角。同时完成椭圆轮廓的加工。

四、加工工序确定

机械加工顺序按先粗后精、先主后次、基面先行、先面后孔、先简单后复杂、由近到远、刀具集中的原则来确定，在一次装夹中尽可能加工出更多的工件表面，避免累计误差。加工时要注意顺序的选择，以获取最大的经济效益。

（1）确定工艺路线：①加工工件右端，φ16mm 孔用直径 φ15. 8mm 的钻头钻通；②调头，找正后加工左端；③切 6mm 槽，车出椭圆轮廓；④倒角。

（2）确定加工工艺：

下料：φ60mm×91mm。

工序一：O0001 号程序，加工工件右端。选用刀具为 93°外圆车刀，刀具补偿号为 T0101。首先用卡盘夹住 φ60mm 毛坯，以右端面中心点建立工件坐标系，平端面、粗车外圆表面，然后调整粗车误差、修正刀具补偿，以便保证外圆尺寸的公差。选用刀宽 4mm 切刀，刀具补偿号为 T0202，编程时要注意粗、精加工分开，才能保证表面粗糙度的要求。内孔加工时，先用 φ15. 8mm 钻头钻通工件，然后使用数控内孔车刀加工内孔右端部分，数控车刀的刀具补偿号为 T0303；端面槽的加工采用刀宽 3mm 数控端面槽刀加工，刀具补偿号为 T0404。工序一如图 2 所示。

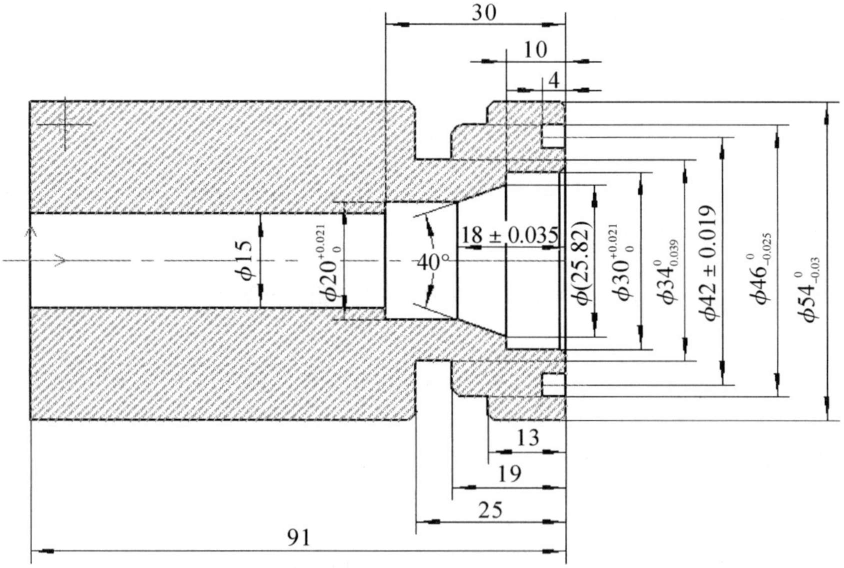

图 2　工序一示意图

工序二：O0002 号程序，加工工件左端。选用刀具为 35°外圆车刀，刀具补偿号为 T0101。首先用卡盘夹住 φ54mm 毛坯，以端面中心点建立工件坐标系，平端面、粗车外圆表面，然后调整粗车误差、修正刀具补偿，以便保证外圆尺寸的公差。选用数控内孔车刀，刀具补偿号为 T0202，编程时要注意粗、精加工分开，才能保证表面粗糙度的要求。内孔加工之前已用 φ15. 8mm 钻头钻通工件；选用刀宽 2mm 内孔槽刀车内孔槽，刀具补偿号为 T0303；螺纹加工采用数控内螺纹车刀，刀具补偿号为 T0404。注意：如果工艺系统刚性不好，可以用手动方式采用铰刀加工 φ16mm 内孔。工序二如图 3 所示。

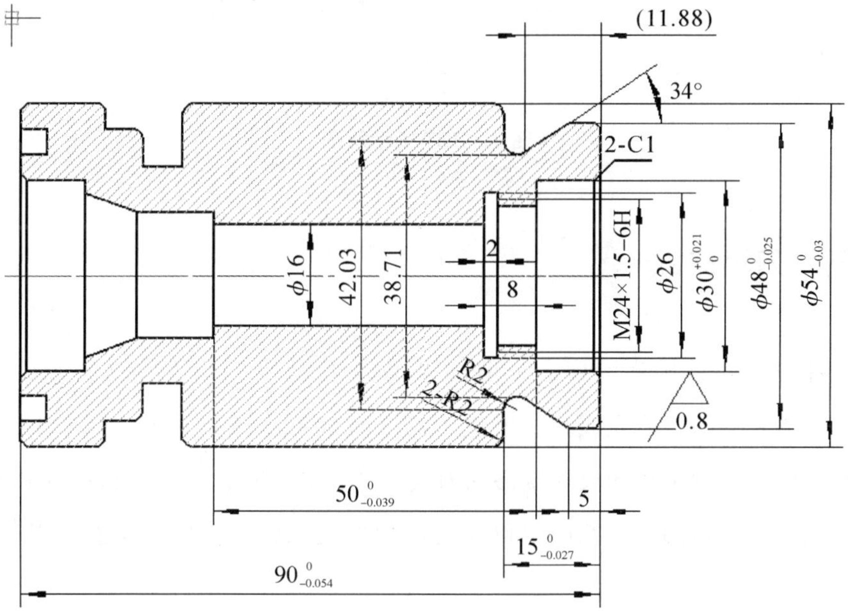

图 3　工序二示意图

工序三：O0003 号程序，加工工件椭圆轮廓及 6mm 槽。椭圆轮廓的加工，选用刀具为 35°V 形仿形外圆车刀，刀具补偿号为 TO101。首先用卡盘夹住 φ54mm 毛坯，以端面中心点建立工件坐标系。车 6mm 槽，选用数控切槽车刀，刀宽 4mm，刀具补偿号为 T0202，用油石去除毛刺。根据上述工艺，分析绘制出每一道工序的工序简图作为参考。工序三如图 4 所示。

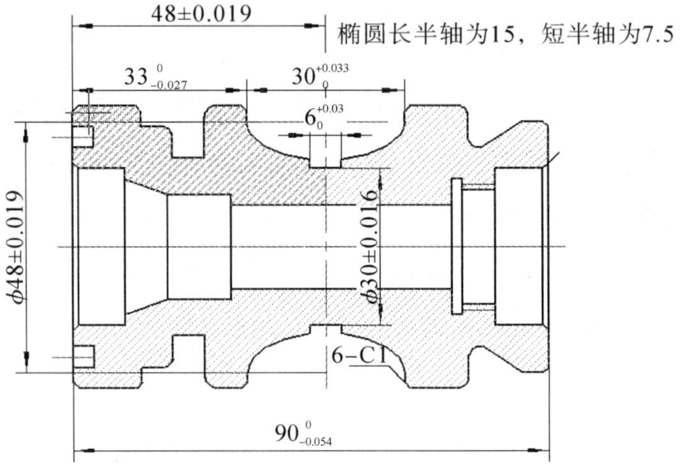

图 4　工序三示意图

五、刀具选取

合理安排刀具排列顺序，一般应遵循以下原则：①尽量减少刀具数量；②一把刀具装夹后，应完成其所能进行的所有加工步骤；③粗、精加工的刀具应分开使用，即使是相同尺寸规格的刀具；④先铣后钻；⑤先进行曲面精加工，后进行二维轮廓精加工；⑥应尽可能利用数控机床的自动换刀功能，以提高生产效率等。

整个加工过程所选用的刀具有：90°外圆车刀（用于车端面和粗、精车外圆）；刀宽 4mm 的切断刀；刀宽 3mm 的端面切槽刀；φ15. 8mm 钻头内孔车刀；35°V 形仿形车刀（车椭圆）；φ16mm 铰刀（铰孔）；油石（去除毛刺）。

六、切削用量选择

根据复杂轴零件被加工表面质量的要求、刀具材料和工件材料，参考切削用量手册或相关资料选取切削速度、每转进给量。背吃刀量的选择因粗、精加工而有所不同。粗加工时，在工艺系统刚性和机床功率允许的情况下，尽可能取较大的背吃刀量，以减少进给次数；精加工时，为保证零件表面粗糙度要求，背吃刀量一般取 0.1~0.35mm 较为合适。

该零件加工时选择粗车外圆：转速为 1 000r/min，进给量为 0.15mm/r；精车外圆：转速为 1 300r/min，进给量为 0.1mm/r；切断：转速为 500r/min，进给量为 0.06mm/r。

七、编程误差及其控制

1. 编程误差

编程阶段的误差是不可避免的，误差来源主要有三种：近似计算误差、插补误差、尺寸圆整误差，误差直接影响加工尺寸精度。本次加工主要误差是计算误差与圆弧相切的切点坐标及未知交点坐标值。由于数值为笔算得出，存在较大的误差。

2. 误差控制

为了尽可能地减少笔算误差，笔者采取在 AutoCAD 上按其尺寸精度绘出零件图，再利用“工具”→“查询”→“点坐标”的顺序捕捉各圆弧切点坐标，使其精度达到 0.001 级，这样能有效地将误差控制在零件加工公差值内。

八、工艺卡片制订

结合前面的分析，制作合理的机械加工工艺卡片（见表1）。此表用于指导操作人员进行机械加工。表的主要内容包括：工序顺序、工序内容以及各种加工步骤所用的机床设备、夹具、刀具、量具等。

表1　机械加工工艺卡片

A公司	机械加工工艺过程卡片		产品型号	ccc	零件图号	01
			产品名称	xxxx	零件名称	复杂轴
材料 45#	毛坯 棒料		毛坯	Φ60×91	件数	1
工序	名称	工序内容	设备	设备编号	工艺装备	工艺简图
01	车1	加工工件右端，φ16mm孔用直径φ15.8mm的钻头钻通	数控车床	LK020A	三爪卡盘	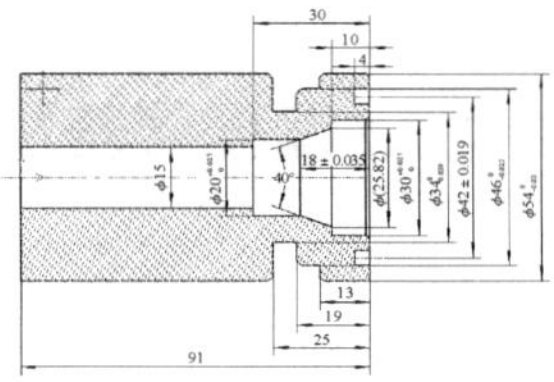
02	车2	调头，找正后加工左端；		LK020A	三爪卡盘	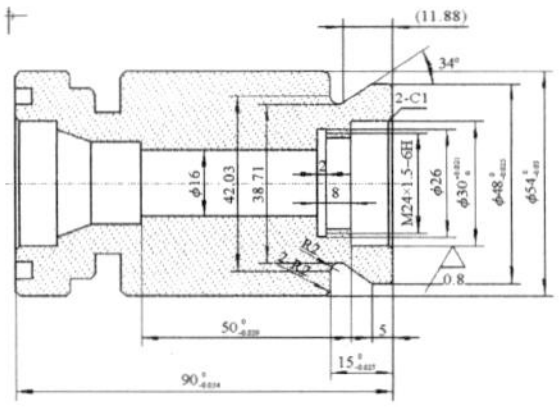
03	车3	切6mm槽，车出椭圆轮廓；倒角		LK020A	三爪卡盘	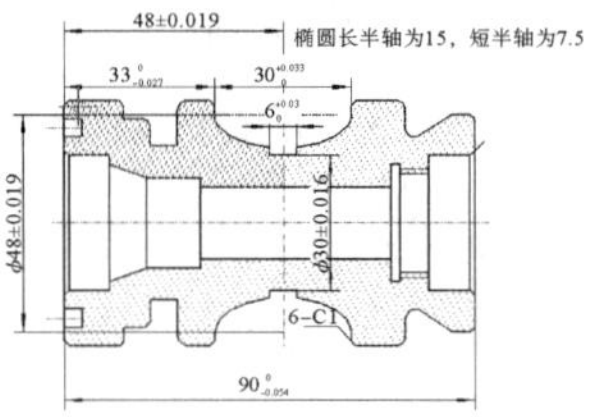
设计（日期）		审核（日期）				

九、程序编制及模拟运行、零件加工、精度自检

1. 参考程序

工件原点设在零件的右端面，编制程序前，要绘制工序简图。参考程序见表 2。

表 2　参考程序

工序一参考程序	
程序段号	程序段号
O0001	Z-17
M03 S1000	G03 X42 Z-19 R2
T0101	G01 X34
GOO X66 Z100	GOO X200
Z1	Z100
G94X - 14 ZO F0. 1	S1000 T0303
GOO X61	GOO X14Z100
G90 X54. 6 Z-28 F0. 15	Z1
GOO Z200	G71 U1 R0. 5
M05	G71 Pl Q2 U 0. 3 W0. 1 F0. 15
M00	N1 GOO X34
M03 S1300	G01 X30 Z-l F0. 1 S1400
GOO X50 Z1	Z-10
G01 X54 Z-l F0. 1	X25. 824
Z28	Z18
GOO X100 Z200	Z30
S700	X18
T0202	N2 XI4 W-2

表2(续)

程序段号	程序段号
GOOX55 Z100	GOO Z200
Z4	M05
Z-13. 1	M00
G01 X46. 1 F0. 06	GOO Z1
GOO X55	G70 Pl Q2
Z-16. 6	GOO X100 Z100
G01 X46. 1 F0. 06	S400 T04O4
GOO X55	GOO X45. 5 Z100
Z-19. 1	Z1
G01 X34. 1 F0. 06	G01 Z-3. 9 F0. 03
GOO X55	GOO Z1
Z-20. 9	X46
G01 X34. 1 F0. 06	S1000
GOO X55	G01 Z-4 F0. 03
Z-27 S1200	GOO Z1
G01 X54 F0. 06	X45
G02 X50 Z-21 R2	G01 Z-4 F0. 03
G01 X34	X45. 9
GOO X55	GOO Z200
Z-11	X100
G01 X52 Z-13	M05
X46	M30
工序二参考程序 （φ16 mm 内孔最终由手工铰削而成，其他部分由程序控制加工）	
程序段号	程序段号
00002	X24. 5
M03 S1000	X22. 5Z-11

表2(续)

程序段号	程序段号
TO101	Z-18
GOO X66 Z100	X18
Z1	X14 Z-20
G94X -14	N4 X14
G00 x61	GOO Z200
G71 U1 R0. 5	M05
G71 N1 P2 U0. 3 WO. 1 F0. 15	M00
N1 GOO X44	GOO Z1
GOl X46 Z -1 F0. 1 S1400	G70 P3 Q4
Z-5	GOO X200 Z200
X38. 717 Z-11. 882	S500 T0303
G02 X42. 033 Z-15 R2	GOO X15 Z100
GOl X50	Z1
G03 X54 Z -17 R2	Z-18
GOl Z-65	GOl X26 F0. 05
N2 GOl X61	GOO X15
GOO Z100.	Z200
M05	GOO X200
M00	S800 TO404
GOO Z1	GOO X20 Z100
G70 Pl Q2	Z1
GOO X200 Z200	Z-5
S800 T0202	G76 P020560 Q50 R-0. 05
GOO X14 Z100 Z1	G76 X24 Z-17 P975 Q400 F1. 5
G71 U1 R0. 5	GOO Z200
G71 P3 Q4 U0. 3 W0. 1 F0. 15	X200

表2(续)

程序段号	程序段号
N1 GOO X34	M05
GOl X30 Z -1 F0. 1 S1400	M30
Z-10	
工序三参考程序	
程序段号	程序段号
O0003	G01 X52
M03 S800	N200 X54 Z-58
TO101	G70 Pl Q2
GOO X56 Z100	GOO X200 Z200
Z-26	S600 TO202
G73 U10 W0 R10	GOO X55 Z100
G73 Pl Q2 U0. 5 W0 F0. 1	Z-39
N1 GOl X54 S1400	GOO X34
X52 Z-27	G01 X30 FO. 06
X48	G00 X34
#1=15	Z -45
WHILE [#1 GE -15] DO1	G01 X30 FO. 06
#2=7 * SQRT [1-#1 * #1/225]	G00 X200
G01 X [48 -2 * #2] Z [-42 +#1] FO. 1	Z200
#1 =#1 -0. 05	M05
END1	M30

2. 模拟运行

编制好数控加工程序后将其输入数控车床，然后对刀，再将机床锁住进行程序校验，仔细观察其模拟加工路线是否有干涉、过切、出错等现象。若有，应及时对程序错误进行修改，修改后保存，并再次调出修改后的程序进行校验，直到程序万无一失，在这种情况下才可进行自动加工。要注意的是，这个环节是必不可少的，否则会发生刀具损坏机床其他部件的情况，直接影响机床的加工精度及寿命，更严重的还会存在人身安全隐患。

3. 零件加工

装夹好毛坯，调出编制好的程序直接进行自动加工直至程序结束。具体操作步骤如下：①接通电源；②装夹工件；③安装刀具；④返回参考点操作；⑤输入程序；⑥对刀；⑦模拟图形；⑧试运行；⑨自动运行。

4. 精度自检

将加工好的零件卸下，用游标卡尺、千分尺对零件的尺寸精度及粗糙度进行检测，看是否达到零件的技术要求。

5. 加工时的几点注意事项

①工件要夹紧，以防在车削时打滑飞出伤人或扎刀；②在车削时使全程加入冷却液，减少受热变形，使加工表面达到要求；③安全文明生产。

十、相关知识及加工中容易出现的问题

1. 端面槽刀的使用

端面槽刀是完成本项目必须使用的车刀，了解刀具的特点并熟练选用，对于正确分析工艺、编制程序非常重要。端面槽刀的切削条件非常苛刻，与径向切槽相比，其切屑不易排出，深槽加工时更加显著。另外，由于结构受到端面槽最大直径和最小直径的限制，刀具磨削比较困难，刀具强度差。使用端面槽刀时，切削用量要比径向切槽刀小一些，切削端面槽时，先加工直径最大处，后加工直径最小处，这样对保护刀具比较有利。要注意不要使切屑毁坏已加工表面，槽底、槽侧面要留有余量。安装刀具时，刀杆与主轴平行，刀片主切削刃与工件已加工端面齐平，两个副刀刃对称，刀杆伸出尽可能短，加工时最好

使用切削液。编程时，要注意刀宽对程序的影响，要注意使主切削刃担负切削工作，槽底的精加工可以使用副切削刃。

2. 宏程序介绍

（1）宏程序（macroprogram）是以变量的组合，通过各种算术和逻辑运算、转移和循环等命令，而编制的一种可以灵活运用的程序，只要改变变量的值，即可以完成不同的加工和操作。宏程序可以简化程序的编制，提高工作效率。宏程序可以像子程序一样用一个简单的指令调用。

（2）变量：普通加工程序直接用数值指定G代码和移动距离，例如：G00和X35。使用宏程序时，数值可以直接指定或用变量指定。当用变量时，变量值可以改变。

例如：#2=30；#1=#2+100；G01 X#1 F300

（3）变量表示：计算机允许使用变量名，在FANUC系统中宏程序的变量需要用变量符号"#"和后面的变量号指定。例如：#1，#102，#502，#［#3+#5+18］。

在一般的程序编制中，程序中的地址字符为常量的，一个程序只能描述一个几何形状，所以缺乏灵活性和适用性。宏程序中地址字符为变量的（也称宏变量），可以根据需要通过赋值语句加以改变，使程序具有通用性。配合循环语句、分支语句和子程序调用语句，可以编制各种复杂零件的加工程序。

3. 本项目容易出现的加工质量问题

在本项目中分析工艺时，要预知哪些要求不容易保证，不能等工件加工之后才发现有质量问题，当然，这需要一定的工作经验。以下是容易出现的一些问题：

（1）端面槽加工时有毛刺，在去除毛刺时容易毁坏已加工表面，在精加工编程时考虑加入倒角或倒圆角，倒角可以取0.3~0.6 mm。端面槽精加工时要提高转速。

（2）如果采用数控内孔车削加工φ16mm孔，刀杆伸出较长，即使使用内孔刀座，表面粗糙度也难以保证，条件许可时采用硬质合金刀杆可达到理想的效果。即使使用硬质合金刀杆的数控车刀也要注意，φ6 mm 孔单独使用一把车刀，内孔的其他部分（如 φ30mm 孔锥孔、φ20 mm 孔）使用另一把车刀。在试切时采用低转速，大进给收到的效果也不错，可以作为参考。

（3）编程要灵活。例如，椭圆轮廓加工部分使用 G73 复合循环加七空行程非常占用时间，在生产中绝少使用，可以考虑切槽刀粗车，用 V 形仿形车刀做半精加工和精加工。

（4）零件精度的检测。形位公差要求比如平行度、同轴度如何检测，尺寸链相关尺寸精度如何分析和保证，如何安排工艺保证等，是分析工艺时就要考虑的问题，不要等工件制作之后才想到。应细读图纸，发现不足之处，有针对性地弥补。

十一、结语

通过对世界技能大赛数控车项目复杂轴加工工艺过程分析，笔者深刻体会到对于一个复杂轴类零件来说，需要对加工环节的各个步骤进行精密的设计，只有这样才能保质保量完成零件的加工。另外，在编程之前要仔细对零件图样进行工艺分析，选择最适合、最需要进行数控加工的内容和工序。在确定走刀路线时，最好有工序简图作为参考，将已经拟定出的走刀路线画上去，这样便于编程。有些零件虽然能在一次安装中被加工出很多待加工面，但考虑到程序复杂，会受到某些限制，如控制系统内存的限制、机床连续工作时间的限制等。此外，程序太复杂会增加出错频率与检索困难。因此程序不能太复杂，要尽量使用循环指令编程，必要时可以使用宏程序编程，一道工序的内容不能太多。

另外，对第 42 届世界技能大赛数控车选拔赛北京赛区复赛的答辩试题加工过程的分析，为参加同类竞赛的学生提供了技术指导，解决了复杂轴加工中常见的工艺难题，培养了参赛学生的逻辑思维能力、工艺能力和创新能力。

参考文献

高改芬，何占如，2009. 提高薄壁零件的加工精度的方法［J］. 中国科技信息，1：131-132.

金福吉，2008. 数控大赛试题·答案·点评［M］. 北京：机械工业出版社.

刘文龙，2005. 如何提高薄壁零件的加工精度［J］. CAD/CAM与制造业信息化，11：92-93.

沈建峰，朱勤慧，2007. 数控车床技能鉴定考点分析和试题集萃［M］. 北京：化学工业出版社.

邢建国，2015. 基于实例检索的轴类零件工艺设计［J］. 机械与电子，1：12-14.

周家领，杨晓勇，王钧，2016. 数控编程与操作［M］. 青岛：中国海洋大学出版社.

饲料禁抗对养殖业的影响及对策

王冬群

摘　要

长期以来，抗生素作为一种抗微生物药一直添加于饲料中，具有防治疾病、促生长及提高动物生产性能等功能。但是，其在畜牧业中被长期大量不合理使用导致药物残留、耐药性等问题，已严重影响动物产品质量和食品安全。农业农村部第 194 号公告的发布，标志着畜禽饲料“禁抗令”的全面施行，这势必会给养殖行业带来极大的影响。本文阐述了部分国家饲料禁抗实践，提出一些对策，旨在为我国禁止在饲料中使用饲用抗生素提供参考。

关键词

饲料禁抗；养殖业；影响；对策

抗生素（antibiotic）是指微生物（包括细菌、真菌、放线菌属）或高等动植物在生活过程中所产生的具有抗病原体或其他活性的一类次级代谢产物，是能干扰其他生活细胞发育功能的化学物质。抗生素主要用于治疗各种细菌感染或致病微生物感染类疾病，一般情况下对其宿主不会产生严重的副作用。在畜禽养殖过程中，除了用于防治疾病外，很多抗生素药品直接加入饲料中用于预防动物肠道疾病和促进生长。饲用抗生素的广泛应用推动了养殖业的快速发展，但动物源菌耐药性形势日益严峻，人兽共用的抗菌药耐药性逐渐增强，威胁人类医疗资源，动物专用抗菌药耐药性逐渐增强，影响食品安全和公共卫生安全，制约了畜牧业的健康可持续发展。

对此，国家出台了一系列政策，减少或限制抗生素的使用。2015 年农业部发布第 2292 号公告，禁止将洛美沙星、培氟沙星、氧氟沙星、诺氟沙星 4 种人兽共用抗菌药物用于食品动物；2016 年农业部发布第 2428 号公告，禁止将硫酸黏菌素预混剂用于动物促生长；2017 年农业部发布第 2583 号公告，禁止将非泼罗尼及相关制剂用于食品动物；2018 年农业部发布第 2638 号公告，禁止将喹乙醇、氨苯胂酸、洛克沙胂 3 种兽药用于食品动物。此外，2017 年农业部印发了《全国遏制动物源细菌耐药行动计划（2017—2020 年）》，提出药物饲料添加剂在2020年全部退出；2018年农业农村部又组织制订了《兽用抗菌药使用减量化行动试点工作方案（2018—2021年）》，提出既要做到饲料端禁抗，又要做到养殖端减抗。出于对人类健康及食品安全问题的考量，2019年农业农村部发布第194号公告，提出：自2020年1月1日起，退出除中药外的所有促生长类药物饲料添加剂品种；自2020年7月1日起，饲料生产企业停止生产含有促生长类药物饲料添加剂（中药类除外）的商品饲料。此举标志着畜禽饲料“禁抗令”全面施行，中国养殖业正式进入“饲料禁抗时代”，养殖者及相关从业者必须予以重视并采取相应措施。

一、饲料禁抗对养殖业的影响

抗生素的促生长功能给畜牧业带来了巨大的经济效益，但同时，多种负面影响也逐渐在抗生素使用后出现，因此，抗生素禁用是必然趋势。面对国家的严格管控，如何在畜禽养殖生产过程中摆脱对抗生素的依赖是每位养殖者及相关从业者面临的问题。

饲料禁抗对养殖业会有哪些影响呢？首先是对养殖场（户）的影响。一是畜禽发病率增加。抗生素饲料能降低畜禽病死率，尤其是生猪保育前期容易生病，没有抗生素饲料的“保驾护航”，生猪病死率会有一定的上升。在养殖条件相对较差的中小养殖场中，这种问题会比较突出。二是养殖成本增加。饲料禁抗后，饲料行业要寻找替代品，养殖过程中的疫病治疗费就会增加。三是料肉比增加。禁抗后畜禽生长速度变慢，生长周期拉长，生产效率降低。其次是对饲料企业的影响。一是饲料禁抗将会导致部分企业的部分业务受到影响，难以为继。二是以往部分饲料配方师热衷于研究和配伍抗拉稀药物，但在新的法规出台施行后，饲料配方制作和产品设计思路需要有所调整。三是“替抗”产品迎来机遇，很多企业已开始根据政策走向布局，研发“替抗”产品。抗生素本质上是一种抗病原菌的化学药物，诸多因素导致其滥用，一旦国家对其限制使用，肯定有部分养殖场不适应，并出现大量的感染性疾病。鉴于前期饲料中的抗生素品类主要是针对动物肠道疾病的，故饲料禁抗后，最先表现出来的一定是动物肠道疾病的增多，所以养殖者要将重心放在对动物肠道疾病的防控上。

二、国外饲料禁抗的经验总结分析

笔者研究国外禁用抗生素前后的养殖情况，了解到欧洲禁用抗生素之前，欧盟饲料企业已提前减少促生长抗生素在饲料中的添加，养殖企业逐步降低或停止使用抗生素，制订了“先成年、后幼龄”的稳步渐进方案。欧盟在 2006 年实行“饲料全面禁抗”以后，对不同的养殖企业所造成的影响也不同。对于饲养管理水平到位、生物安全水平高的企业，影响有限，且这类企业恢复到原有生产水平的时间较短；而对于饲养管理经验不足、生物安全体系未建设或者不够完善的养殖企业，影响则较为严重，导致动物生长性能下降，兽药使用明显增多。

据统计，欧盟禁用饲用抗生素后，畜牧业中抗生素的使用量确实在下降。例如，自 1999 年开始，法国的饲用抗生素用量一直处于下降状态，而荷兰和捷克是在 2006 年以后逐步下降的。欧盟国家中，最早禁止使用饲用抗生素的是瑞典和丹麦。丹麦目前是全球畜禽养殖业中的佼佼者，其养殖经验和育种产品也被多个国家接受。例如，被我国养殖企业引进的丹系猪，以及被养殖业广泛借鉴学习的《猪的信号》《鸡的信号》等养殖经验书籍。丹麦在 1999 年开始准备禁抗，2000 年开始实施饲料禁抗后，现场使用或者兽医开具处方使用的抗生素量确实出现了小幅度的增长，但在 2010 年后开始出现下降。总的来说，2018 年的抗生素使用量相较于禁用抗生素之初，总量依旧是呈下降趋势的。丹麦在养殖总量增加的基础上，氧化锌的用量呈下降趋势，说明禁用抗生素后，短时间内终端市场对兽药抗生素类产品的需求会大幅增加；但是长期来看，随着养殖水平的被动提升，终端养殖的抗生素用量会在1—2年内进一步下降。

研究国外部分国家饲料禁抗的过程，能预判以下问题：一是养殖业生产水平会下降，养殖成本会大幅度增加；二是饲料中不添加抗生素可能会造成养殖业现场治疗使用的抗生素大量增加，且畜牧业抗生素使用总量在“饲料禁抗”的初期可能不会减少。因此，一方面应该探索研究“减抗/替抗”的相关技术，为“饲料禁抗，养殖减抗”做好技术支撑；另一方面则应该依法依规合理科学地使用抗生素，严厉打击滥用抗生素的现象，从而减少抗生素滥用所造成的危害。

三、养殖业如何应对饲料全面禁抗

1. 构建生物安全体系，加强养殖过程管理

一要做好外部防御，减少病原体。加强生物安全防控措施，控制传染源，净化养殖环境，通过隔离和消毒等手段不断压缩病毒生存空间。建立科学的生物安全体系，采用严格的生物安全防护措施，保证空气、水、饲料和环境的清洁。二要细化管理，减少应激。养殖场需要科学合理地进行选址设计、封闭管理、实时监控、定期消毒和免疫，并且采用全进全出的养殖模式。加强饲养管理，关注最适温度、湿度、饲养密度和空气质量，关注生产各环节，减少环境应激对动物的影响，提升动物福利，减少疾病的发生。尤其是当前，在“非瘟常态化”“新冠肺炎疫情”等多重影响下，养殖场的生物安全防控及饲养管理过程更加重要。

2. 研发安全高效的饲料添加剂产品替代抗生素

饲用抗生素的效果主要表现为其抑菌促生长的作用，即降低动物发病率、提高动物的生产性能和饲料转化效率。具有抗生素替代作用的饲料添加剂包括

以下几类：①增强动物免疫机能的饲料添加剂，如黄酮类、多糖类、维生素、微量元素等；②抑制或杀灭病原菌的饲料添加剂，如酸化剂、植物提取物、抗菌肽等；③改善肠道健康的饲料添加剂，如益生菌、益生素、寡糖、酶制剂、有机酸等；④抗应激类饲料添加剂，包括电解质类、矿物质类、维生素类和中草药类等。不是单一的添加剂产品就能替代抗生素，替代抗生素要通过多种添加剂的有机组合和协同作用才能完成。

3. 采用安全优质的饲料配制技术，实行精准饲养

研发动态营养配制技术，推广精准饲养，采用净能体系和可消化氨基酸营养。适当降低粗蛋白水平，增加脂肪中不饱和脂肪酸的比例。关注蛋白质和能量原料的来源，控制饲料中纤维和抗营养因子的比例。科学饲喂和供养精准既可以避免营养性腹泻的发生，又能提高饲料转化效率和养殖效益。

4. 优化配方结构，提升动物对饲料消化利用率

在饲料禁抗后，需要调整饲料配方，尤其是幼龄动物饲料配方的制作需要根据养殖场情况进行定制：①优先选用优质、安全、没被污染的饲料原料；不使用霉菌毒素、重金属等超标的劣质原料；不使用难消化、抗营养因子高的原料；不使用掺假原料；不使用猪源性饲料，如猪血浆蛋白粉、血球蛋白粉、肠膜蛋白、肉骨粉等。②为弥补在饲料高温制粒过程中热敏性物质的损失，需要适当地增加饲料中维生素、酶制剂、微生态制剂等的添加量。③适当添加酸化剂，如复合有机酸、乳酸和柠檬酸等。④为防止饲料熏蒸和放置时间长导致的发霉及过氧化，可适当在饲料中增加防霉剂和抗氧化剂的添加量，延长饲料的保质期。

5. 优化饲料加工工艺，提高饲料消化率

优化饲料原料深加工和饲料加工工艺，可以减少有害微生物的污染，降低饲料中粗纤维和抗营养因子的比例，提高饲料原料的消化率，降低腹泻发生率。通过发酵方法可以有效提高非常规饲料的利用效率，通过膨化、水解等方法可以降低饲料中的抗营养因子含量。

四、结语

饲用抗生素在抗病和改善畜禽生长方面效果显著，能够提高动物生产的效益，在规模化养殖发展中功不可没，但同时由此引起的细菌耐药性问题越发严重，药物残留对环境和人类健康造成了一定的危害。在目前我国畜牧业、养殖业结构调整、质量升级、绿色发展和生态环保的背景下，“无抗”已成大势所趋。“无抗饲料”是开端，“低抗养殖”是过程，最终要实现“无抗肉食品”。业内人士表示，长期以来，我国养殖业对包括药物饲料添加剂在内的兽药依赖性较大，这些药物饲料添加剂对饲养条件较差的养殖场及幼龄动物的保护作用仍难以替代。饲料禁抗，肯定有部分养殖场不适应，并出现大量的感染性疾病。专家指出，饲料“无抗”的推动固然存在现实难点，但也有巨大机遇。事实上，抗生素禁用后，能够在饲料配制和养殖两个环节全面提升生物安全，非常有利于整个产业链效率的提升。

“无抗饲料”是实现“低抗养殖”的前提和基础，饲料禁抗的最终目的是实现动物健康或无抗养殖。参考欧洲禁抗的经验，饲料禁抗后，短期内生产上会面临诸多困扰，如动物患病率增加、质量下降，部分养殖场处于亚健康状态，这无疑对生物安全和饲养管理等提出了更高的要求和挑战。“无抗”是大势所趋，国家提倡、消费者期盼、市场欢迎。首先，“无抗”不是绝对不使用抗生素。“无抗”是畜牧业生产的更高追求，“替抗”是暂时性、阶段性、过渡性的。其次，就目前我国的养殖业发展水平而言，行业要持续健康发展，在实际生产中，治疗性使用抗生素还是必要的，关键要严格监管、科学用药、禁止滥用。最后，养殖企业还可以用“减抗、替抗”作为过渡措施。近年来，养殖业和饲料业都加快了“减抗、替抗”的研究和实践，尤其是一些大型养殖企业已经在这方面进行了较多探索，不少企业研发出“替抗”产品，包括中草药、酶制剂、益生菌、酸化剂、植物精油、抗菌肽、寡糖等产品，可以确保养殖生产持续稳定。总之，养殖业可采取的应对方法和措施较多，一方面可以通过替代品减轻“禁抗”冲击，另一方面可以加快推进标准化规模养殖，提高养殖场整体生物安全水平，从根本上降低动物疫病风险。

“低抗养殖，无抗肉食品”是每位从业者的责任，还有很长的路要走。今天，我们迈出了“无抗饲料”这一步，接下来在养殖端必然会面临一系列新的困难和挑战，因此需要制定相应的保障措施和方案，阶段化、有序化和层次化地提升软硬件质量，提高从业人员素质，共同努力，携手打造绿色、安全的食品健康产业链，最终实现终端肉食品无抗。全面禁抗，为广大从业人员指明了奋斗的方向，也提出了新的挑战。

参考文献

陈清华，2020. 战“疫”禁抗背景下如何做好饲料［J］. 饲料工业，41（18）：1-5.

刘国信，2020. 饲料禁抗势在必行，行业如何应对？［J］. 今日养猪业，4：17-21.

蒋宗勇，王丽，杨雪芬，等，2012. 北欧禁用抗生素的实践对我国养猪业的启示［J］. 养猪，3：9-14.

刘国信，2020. 饲料禁抗给养殖业带来新生机［N］. 中国审计报，2020-11-16.

广东饲料，2017. 替抗最应该关注的是什么？呙于明教授来告诉你［J］. 四川畜牧兽医，8：9-10.

蔡东东，2017. 饲料禁抗对养猪业的影响及对策［J］. 安徽农学通报，5：98-99.

李秀生，2020. 禁抗时代规模猪场如何做好疾病预防［J］. 猪业科学，8：134-136.

王怀禹，2020. 减抗、限抗、禁抗及其替代方案对生猪养殖的影响［J］. 猪业科学，1：42-44.

化学保鲜剂在柑橘保鲜中的应用探讨及展望

陈婷婷

摘 要

柑橘采后在贮藏运输过程中极易发生采后病害、腐烂，造成严重的经济损失。化学防治保鲜是目前柑橘最常用的保鲜技术之一。本文综合分析了近年来新型、低毒、低残留、高效的绿色环保型化学保鲜剂在柑橘的采后病害防治及贮藏保鲜中的应用，按其作用机理进行分类分析，并对其成果转化、商业化应用前景进行展望。

关键词

柑橘；采后保鲜；化学保鲜剂；抗氧化剂；防腐剂；植物生长调节剂

柑橘属于芸香科植物，主要包括橘、柑、橙、柠檬、柚、莱姆和杂交柑等，是世界三大贸易农产品之一（王文军 等，2017；邓雨艳 等，2008）。在我国，柑橘是农村经济支柱产业之一，是南方地区栽培的重要果树作物（陈兆星 等，2020）。近年来柑橘产量不断增加，但是柑橘采后在贮藏运输过程中极易发生病害而导致腐烂，造成严重的经济损失。有研究指出，柑橘采后腐烂损耗的主要原因是贮藏运输过程中柑橘自身的生理变化及病源真菌的侵染（温明霞 等，2014）。

柑橘采后防腐保鲜的方法主要有涂膜保鲜法、冷藏保鲜法、气调保鲜法、生物防治保鲜法、化学药剂保鲜法等（刘丽丹 等，2019）。其中，化学药剂保鲜法是目前水果保鲜最常用、效果最好的保鲜方法之一（王文军 等，2017）。化学药剂保鲜法主要是采用低毒、高效的化学保鲜剂对柑橘做熏蒸、喷洒或浸泡等处理，以调节柑橘的生理变化或者抑制病原真菌侵入，从而达到防腐保鲜的目的（张小凤 等，2018）。化学保鲜剂种类繁多，作用机理各异，有些具备单一效果，有些兼具多种功效，包括具有抗氧化性的抗氧化剂、能杀灭或抑制微生物生长繁殖的防腐剂、能抑制或促进果实成熟的植物生长调节剂等（熊亚波，2014）。

本文综合国内外对新型、低毒、低残留、高效的绿色环保型水果化学保鲜剂的研究，根据其不同的作用机理进行归类及探讨，阐述各化学保鲜剂的特点及其在柑橘类水果的采后病害防治及贮藏保鲜中的应用，并对今后进一步开发和利用新型、低毒、高效的化学保鲜剂的研究发展趋势进行展望。

一、防腐剂

柑橘采后极易遭到真菌性病害的侵袭而引起果实腐烂变质，严重影响柑橘产业的健康发展（刘旭 等，2010）。常见的病原真菌有青霉菌、绿霉菌、蒂腐菌、黑腐病菌、酸腐菌等，它们主要通过果实表面皮孔、气孔、裂口或机械损伤伤口等侵染果实从而引起腐烂变质（郑文艳 等，2017）。鉴于此，防腐剂在柑橘防腐保鲜中应用广泛。国内常用甲基硫菌灵、多菌灵、噻菌灵、抑霉唑、咪鲜胺、2，4-D、对羟基苯甲酸酯类等对柑橘进行采前喷药或采后药剂浸果处理（范坤成，2006）。但是，这些化学防腐保鲜剂均有不同程度的毒性，并且易残留、易污染，不符合当今消费者对绿色健康果品的需求。

因此，研究者正着力于绿色环保的新型防腐保鲜剂的开发和应用。有研究指出，壳寡糖、纳他霉素、盐酸聚六亚甲基胍以及植物天然提取物等防腐剂均可用于柑橘的防腐保鲜。

1. 壳寡糖

壳寡糖又叫壳聚寡糖、低聚壳聚糖，具有生物降解性、无毒性和广谱杀菌性，已广泛应用于果蔬的贮藏保鲜。王丽等（2011）研究表明，壳寡糖能显著抑制柑橘酸腐病、黑腐病的发生和病情发展，并且抑菌效果稍强于壳聚糖。聂青玉等（2010）则证实了1%浓度壳寡糖能有效控制贮藏相橘果肉细胞的成熟衰老，较好保持其感官性状及营养风味，延长柑橘果实贮藏时间。邓丽莉等（2017）研究表明，1.5%浓度壳寡糖能够保持柑橘果实中较高的固酸比，延缓组织中维生素 C 和可溶性蛋白含量的下降，保证柑橘果实较好的贮藏品质。另外，1.5%浓度壳寡糖还能有效改善和抑制乙烯褪绿引起的柑橘果实失重、果蒂病害（邓丽莉 等，2017）。

2. 纳他霉素

纳他霉素是一种多烯大环内酯类抗生素，对霉菌和酵母菌有较强的抑制作用，是一种安全有效的食品防腐剂，已广泛用于各类果蔬的采后防病保鲜。孙远功等（2006）用不同浓度的纳他霉素悬浮液处理柑橘，结果表明纳他霉素能较好抑制真菌生长，延缓营养物质的流失，保持食用价值。300~400mg/L 为纳他霉素的最佳处理浓度，可较好防止果实采后腐烂，提高贮藏品质。黄文彬（2019）研究表示，不同浓度的纳他霉素均能有效抑制引起柑橘常见采后病害的青霉菌。纳他霉素对意大利青霉和指状青霉的最低抑制浓度为 6μg/mL，最佳使用浓度为 500μg/mL。

3. 盐酸聚六亚甲基胍

盐酸聚六亚甲基胍是一种环保型高分子聚合物杀菌消毒剂，性质稳定、高效无毒、长期抑菌。有学者发明了一种能防治柑橘酸腐病的盐酸聚六亚甲基胍保鲜剂，现已获得美国专利授权。该柑橘保鲜剂能在砂糖橘等柑橘类水果贮藏期间明显抑制酸腐病的发生，从而提高柑橘的经济价值（郑庆伟，2016）。

4. 植物提取物

研究表明，某些植物的提取物具有一定的抑菌作用，现已被广泛应用于果蔬的防腐保鲜。关于植物提取物的抑菌机理说法不一，但普遍认为主要和植物提取物中的抑菌活性成分相关（熊亚波 等，2015）。松针能有效防治柑橘的青、绿霉病，对控制柑橘果实的腐烂有显著效果。马尾松松针的乙酸乙酯提取物能显著抑制柑橘意大利青霉菌。对其主要化学成分进行抑菌活性分析发现，α-蒎烯、β-蒎烯含量最高且对柑橘意大利青霉菌抑菌活性最强，推测其是松针能够用于柑橘防腐保鲜的重要原因（杨书珍 等，2016）。张美红等（2018）研究证实β-蒎烯主要通过损伤真菌细胞壁结构、促进活性氧积累和抑制膜脂组分麦角固醇增加来抑制意大利青霉菌的活性。凤仙透骨草的丙酮提取液对柑橘意大利青霉和指状青霉均有较强的抑制作用。对其中的抑菌活性物质进行分离纯化，确定其主要抑菌功效成分为2-甲氧基-1，4-萘醌（MeONQ）。MeONQ具有广谱抑菌特性，能作用于细胞壁、细胞膜及线粒体氧化还原酶等多个靶点，抑制意大利青霉菌的生长发育（曾荣，2012）。

二、抗氧化剂

柑橘在贮藏运输过程中的腐烂损耗除了受到病源真菌的侵染外，还和其自身的生理变化有关（温明霞 等，2014）。柑橘的抗氧化活性强度常作为评价其营养价值的重要指标。柑橘在贮藏、加工过程中的品质变化也与抗坏血酸和多酚等抗氧化成分有关（邓丽莉 等，2017）。

抗坏血酸又称维生素C，是一种天然高效的抗氧化剂。抗坏血酸可以有效抑制果蔬的酶促褐变，保持果蔬原有颜色，同时补充其在贮藏过程中损失的维生素C等，近年来在果蔬的保鲜上有广泛应用（孙远功 等，2006）。茶多酚是茶叶中酚类物质及其衍生物的总称，是目前尚不能人工合成的纯天然、多功能、高效能的抗氧化剂和自由基净化剂。茶多酚与维生素C、维生素E、类胡萝卜素等具有较好的协同作用，复配使用可增强抗氧化效果（黄文彬，2019）。王春苗等（2015）研究表明，维生素C、茶多酚、亚硫酸钠均能有效提高柑橘罐头的抗氧化性，并且维生素C的抗氧化营养物质的保存能力要高于后两种物质。何彩梅等（2017）研究表明，由茶多酚、维生素C和β-胡萝卜素组成的天然复合抗氧化保鲜剂能较好延长大果山楂的保鲜贮藏期，有效防止营养物质流失和外观品质损失。因此，天然复合抗氧化保鲜剂的使用也为柑橘及其制品的抗氧化保鲜提供了一定参考。

三、植物生长调节剂

柑橘在储藏过程中会氧化蛋氨酸生成乙烯，促进果实的成熟及腐败（张小凤 等，2018）。因此，为了延长柑橘储藏期，可在贮藏运输中使用乙烯抑制剂或者乙烯吸收氧化剂。目前，二氧化氯和1-甲基环丙烯（1-MCP）已被广泛应用于延缓果蔬后熟衰老及腐败进程，但是将其应用于柑橘及其制品的保鲜还有待进一步研究。

二氧化氯是一种新型防腐保鲜剂，既能消毒杀菌，又能破坏现有乙烯，还能阻止蛋氨酸分解生成乙烯，达到延缓水果衰老及腐败的目的（钱冠霖，2017）。近些年，国内外对二氧化氯在蔬果保鲜中应用研究日益增多，将其作用于苹果、猕猴桃、香蕉、荔枝等水果，均能达到抑制果实呼吸强度、降低乙烯释放量的效果，能够有效延缓果实成熟、延长贮藏期（陈圣治 等，2020）。这种方法也为柑橘的贮藏保鲜提供了参考，有待研究者进一步尝试开发。

1-甲基环丙烯（1-MCP）则是一种高效、无残留的乙烯效应抑制剂，能够通过与果蔬组织中的乙烯受体发生不可逆转的结合来抑制乙烯的信号转导，延缓果蔬的后熟衰老进程（陈金印 等，2008）。邢亚阁等（2020）利用4℃冷藏协同1-MCP和臭氧熏蒸的方式对青柠檬进行护绿处理，既能有效减缓青柠檬在贮藏过程中的呼吸速率和表面蒸腾作用，还能延缓果实的衰老腐败速度，护绿保鲜效果优异。

四、结语

本文根据化学保鲜剂在果蔬保鲜中的不同作用机理将其进行分类探讨，阐述近年来研究的新型、低毒、低残留、高效的绿色环保型化学保鲜剂的特点及其在柑橘以及其他水果采后贮藏保鲜中的利用现状。其中，部分防腐剂还停留在对柑橘病源真菌抑制作用的研究上，虽然应用前景广阔，但其离实际应用、成果转化、商品化处理仍需有一定距离。另外，本文提及的抗氧化剂以及植物生长调节剂虽然已经广泛应用于果蔬的贮藏保鲜，却较少运用于柑橘及其制品的保鲜，但其为柑橘的绿色环保新型化学保鲜剂的开发和应用提供了参考和方向。

鉴于此，笔者建议可以充分利用各种化学保鲜剂对柑橘类水果进行保鲜处理，进一步扩宽柑橘化学保鲜剂的应用范围。另外，还可以采取多种不同作用机理的化学保鲜剂合理复配或者与其他保鲜技术联用，以期结合优点、增强效果，从而显著延缓采后柑橘果实的后熟衰老，实现其货架期商品率的最大化。

参考文献

陈金印，刘康，2008. 1-甲基环丙烯（1-MCP）在果蔬贮藏保鲜上的应用研究进展［J］. 江西农业大学学报，2：215-219.

陈圣治，吴明松，魏雪宁，等，2020. 二氧化氯在蔬果保鲜中的应用研究进展［J］. 中国林副特产，1：87-91.

陈兆星，李梦媛，魏钦钦，等，2020. 新型保鲜剂对赣南脐橙贮藏期病害的防治效果［J］. 现代园艺，43（1）：31-32.

邓丽莉，黄艳，周玉翔，等，2009. 采前壳寡糖处理对柑橘果实贮藏品质的影响［J］. 食品工业科技，30（24）：428-432.

邓丽莉，尹保凤，曾凯芳，等，2017. 壳寡糖和壳聚糖处理对“乙烯褪绿蜜橘”果实品质和抗病性的影响［J］. 现代食品科技，2：167-175.

邓雨艳，曾凯芳，2008. 柑橘果实采后侵染性病害防治技术研究进展［J］. 食品科技，33（4）：211-214.

范坤成，2006. 柑橘防腐保鲜技术进展［J］. 中国南方果树，35：106-108.

何彩梅，何忠伟，赵孝承，等，2017. 复合天然抗氧化保鲜剂对大果山楂保鲜效果研究［J］. 食品工业，12：11-13.

黄文彬，2019. 纳他霉素对采后柑橘病菌抑菌效果的研究［J］. 现代园艺，23：46-47.

刘丽丹，吴日章，2019. 不同保鲜剂对柑橘采后病害防治效果的研究［J］. 农产品加工·学刊（中），9：27-30.

刘岭，陈复生，薛静玉，2012. 复配抗氧化剂的研究进展［J］. 中国食品添加剂，2：172-176.

刘旭，刘月悦，代娟，2010. 四川柑橘果实贮藏期主要病害及综合防治技术［J］. 四川农业科技，11：40-41.

聂青玉，侯大军，2010. 壳寡糖处理对红橘果实贮藏品质和生理的影响［J］. 西南大学学报（自然科学版），32（10）：37-41.

钱冠霖，2017. 二氧化氯在水果保鲜中的应用研究进展［J］. 绿色环保建材，6：233.

孙程旭，郑淑芳，李建设，2006. D-异抗坏血酸抑制鲜切马铃薯褐变的研究［J］. 食品研究与开发，27（7）：108-111.

孙远功，呼玉侠，冯昕，2006. 纳他霉素在柑橘防腐保鲜中的应用［J］. 食品研究与开发，27（7）：190-192.

田密霞，胡文忠，朱蓓薇，等，2008. 抗坏血酸处理对鲜切水晶梨营养成分及褐变的影响［J］. 食品与发酵工业，34（1）：156-159.

王安源，丁成龙，2020. 1-MCP 处理对果蔬采后生理和品质影响的研究进展［J］. 安徽农学通报，26（13）：29-31.

王春苗，陆胜民，张俊，2005. 3种褐变抑制剂对柑橘罐头营养品质影响的研究［J］. 安徽农业科学，35：139-141.

王丽，赵盼，孟祥红，2011. 壳聚（寡）糖对柑橘酸腐、黑腐病菌的抑制作用及对采后病害的防治［J］. 食品工业科技，32（12）：424-428.

王文军，曾凯芳，刘晓佳，等，2017. 不同保鲜剂对柑橘果实贮藏品质的影响［J］. 食品与机械，33（4）：110-116.

温明霞，吴韶辉，王鹏，等，2014. 柑橘贮藏期枯水的细胞组织结构特征研究［J］. 浙江柑橘，1：22-23.

邢亚阁，邓海霞，税玉儒，等，2020. 低温结合1-MCP和臭氧熏蒸协同处理对青柠檬贮藏品质的影响［J］. 西华大学学报（自然科学 版），39（6）：1-6.

熊亚波，2014. 不同处理对桔、柚采后贮藏生理和品质的影响研究［D］. 成都：四川农业大学.

熊亚波，闫晓俊，颜静，等，2015. 新型柑橘贮藏保鲜剂的研究进展［J］. 食品科学，36（9）：284-288.

杨书珍，蒋丹丹，范刚，等，2016. 松针提取物对柑橘青霉病菌的抑制作用及活性成分分析［J］. 现代食品科技，32（1）：65-69.

曾荣，2012. 凤仙透骨草抑菌活性成分、抑菌机理及对柑橘防腐保鲜效果的研究［D］. 南昌：南昌大学.

张美红，王萌，杨书珍，等，2018. β-蒎烯抑制柑橘意大利青霉作用机制初步研究［J］. 华中农业大学学报，37（6）：91-97.

张素芳，肖安风，杨远帆，等，2016. 柚苷酶处理对琯溪蜜柚果汁抗氧化活性的影响［J］. 中国食品学报，16（9）：60-66.

张小凤，郭雁君，郭丽英，等，2018. 柑橘贮藏期病害及常用保鲜技术研究进展［J］. 植物学研究，2：130-136.

郑庆伟，2016. “盐酸聚六亚甲基胍在防治柑橘酸腐病上的应用及其保鲜剂”获得美国专利授权［J］. 科技与产品，3：51.

郑仕宏，周文化，李忠海，等，2006. 鲜切砂梨加工技术的研究［J］. 食品与机械，6：66-68.

郑文艳，谢合平，余桂林，等，2017. 不同化学保鲜剂对椪柑贮藏保鲜效果研究［J］. 农业科技通讯，12：102-104.

GONZALEZ-AGUILAR G A，RUIZ-CRUZ S，CRUZ-VALENZULA R，et al，2014. Physiological and quality changes of fresh-cut pineapple treated with anti-browning agents［J］. Lebensmittel-Wissenschaft und Technologie，37：369-376.

眉山平坝区稻鸭种养结合技术探讨

刘长江

摘　要

地处成都平原西南的眉山东坡区悦兴镇金光村连续两年对稻鸭种养结合生产模式进行研究。稻鸭种养模式是指在水稻生长期间、全天候稻田环境下，水稻、鸭共生于稻田自然生态系统，实现同田同季种养结合。试验表明，开发稻鸭种养结合生产模式能取得良好的生态效益、经济效益和社会效益。

利用稻鸭种养结合生产模式能有效控制稻田病虫草害发生，增加土壤有机质成分，改善土壤环境，提升大米品质；通过减少农药化肥的施用量，降低环境污染风险，改善环境条件。利用稻田自然生物食物来源，可减少鸭饲料的成本，提高稻田单位土地面积上的经济效益，为当地农业产业区域发展及供给侧结构调整探索新途径，形成眉山平坝区稻鸭种养结合技术体系。

关键词

稻鸭；种养结合；技术；效益

一、试验研究的目的和意义

粮食安全始终是关系到我国国民经济发展、社会稳定和国家自立的全局性重要战略问题。保障我国粮食生产安全，对于全面建成小康社会、构建社会主义和谐社会、推进社会主义新农村建设和振兴农村经济发展有着重要意义。

目前，水稻单一化生产，化肥、农药施用量大，生产成本高；水稻田土质板结，有害有毒物质不断积累，土地生产力降低，生态环境变差；病、虫、草害严重，特别是福寿螺的危害加剧；水稻稻米品质变差（包括农药残留、重金属含量超标等），经济效益较低等问题凸显。

眉山平坝区寻求在该地区实现稻鸭种养结合生产模式，以期提高稻田单位面积上的经济效益，改善生态环境，并探索出一套平坝地区稻鸭种养结合的技术体系。稻鸭种养结合生产模式是指将雏鸭在水稻移栽后 10～15 天水稻生育期的全时段或抽穗期前放入稻田，每亩（1 亩≈666.7 平方米，下同）放养 15～20 只，每 10～15 亩为一个鸭群，每群用围栏圈着，保持无须搭建鸭舍的露地环境。稻田为鸭子提供水源、饵料及栖息场所等；鸭子则通过捕食和踩踏进行除草、控虫、松土，以促进水稻生长。

二、实验时间

2019年3月至2020年9月。

三、试验实施

（一）稻鸭田基地规划

选择地势平坦，排灌方便，沟渠上游10公里内无污染水源，水源充足且水质达到国家农作物生产水质标准，无洪涝灾害历史的田块；每10～15亩为一个稻鸭种养连片区块，每个区块稻田四周开沟，沟宽2米，沟深0.8～1米；有一边田埂宽至少为2米，作为鸭休息、喂食的场所；稻田四周每隔2米用高0.8～1米、网眼0.02×0.02平方米的围网打围。

（二）稻鸭田水稻种植情况

1. 水稻品种

选择株型松紧适度、叶片挺立，抗稻瘟病、纹枯病、稻曲病，以及抗倒伏力强的中稻；品质达二级米品质的杂交水稻，如隆两优534、晶两优510、C两优华占。

2. 种植方式

育苗移栽。

3. 水稻育秧

采用塑料软盘湿润育秧，营养土增施有机肥（地补乐）；用药剂浸种1天进行种子消毒，催芽至芽长2毫米，浸种催芽至露白。播种期为3月25日—4月5日，分厢定量均匀播种，每盘约65克，每隔50厘米搭拱，地膜覆盖，四周用

四、经济效益分析

（一）稻鸭田水稻效益分析

由于稻鸭田稻米重金属含量低，口感好，稻谷市场价格平均比同品种非稻鸭田售价提高 0.4~0.5 元/千克，按每亩稻谷 600 千克计算，水稻可增收约 270 元/亩。

（二）稻田鸭养殖效益分析

由于稻田养鸭 15~20 只/亩，所以稻田养鸭平均纯利润为 210~275 元/亩。2019—2020 年稻田鸭养殖效益分析见表 1。

表 1　2019—2020 年稻田鸭养殖效益分析表

年份	放养时间/天	雏鸭数量/只	出栏率/%	商品鸭毛重（kg/只）	饲料消耗（kg/只）	成本（元/只）	利润（元/只）	效益（元/亩）
2019	70	6 130	90	2.5	8.0	35	15	200~250
2020	80	11 200	80	3.0	9.5	40	20	220~300
平均								210~275

注：2020 年因新冠肺炎疫情影响，种鸭苗素质差，抗病力弱，再加上异常天气影响，鸭病死率高，导致出栏率低。

综上所述，稻鸭种养结合生产模式可减少农药化肥施用量，平均节约生产成本约 50 元/亩，并可实现稻鸭田增收约 560 元/亩。

五、分析总结

眉山平坝区地处成都平原西南部，地势平坦，水系发达，是四川重要的水稻主产区，是眉山市政府重点打造的优质大米生产基地。通过两年的试验研究，稻鸭种养结合生产模式能使稻鸭互利共生，实现“三效”提升。

（一）稻鸭种养结合生产，明显改善稻田生态环境

利用鸭的踩踏、取食活动能够有效遏制稻田中杂草和落地谷的生长；抑制螟虫、稻蝝、甲虫、福寿螺等虫害种群发展，减轻害虫危害，同时降低纹枯病发生的概率；通过浊水通气、改善稻田土壤结构，旺根壮苗，促进水稻良好生长；鸭粪直接分散排入稻田中，能提高土壤有机质含量，降低水稻对重金属吸收量，有效提高稻米安全品质和适口性；减少农药化肥的施用，能够直接有效降低水域、土壤及空气污染，促进生态良性发展。

（二）稻鸭种养结合生产，显著提高稻田经济效益

稻鸭种养结合的稻米品质得到明显改善，大米单价平均比非稻鸭田售价提高0.4~0.5元/公斤，稻米可增收约270元/亩；正常情况下，由于稻鸭品质和口感好，稻田鸭的纯收入可达约240元/亩；同时，农药化肥的施用量减少，成本减少约50元/亩。因此，稻鸭田可实现在传统水稻生产基础上增收约560元/亩。

（三）稻鸭种养结合生产，带动周边副业发展

稻鸭田大米和稻田鸭肉质品质好、口感好，深受消费者的青睐和好评，其产品供不应求，被眉山市多家新闻媒体报道，造成了一定社会影响力；同时，带动了周边第二、三产业的发展，为眉山平坝区农业产业结构调整升级探索了新途径。

参考文献

李君，郑海辉，李瑞福，等，2007. 稻鸭共生技术要点［J］. 吉林农业，7：34.

熊国远，吴文革，吴月圣，等，2010. 安徽省稻鸭共生技术操作规程的探讨［J］. 畜牧与饲料科学，31（3）：101-103.

第三章

专题研究

试论“好学校”

王其红

摘　要

不同立场的人对于好学校的标准是不一样的，学校是人类文化传承的重要机构。笔者认为，一所好的学校应该是一个具备“四有”的场所，即“有人、有情、有理、有神”之地。有“人”主要指好学校应该有一位好校长；有“情”即教育者彰显教育情怀，受教育者表现出学习热情；有“理”是指学校的管理与治理要合乎人的理性；有“神”即学校在办学精神、文化、人才培养等方面具有办学特色。

关键词

好学校；教育情怀；特色学校

什么是好学校？不同立场的人对于好学校的标准是不一样的：教育行政部门认为，合乎验收标准的学校就是好学校；校长们认为，符合其办学理念与目标的学校就是好学校；学者们认为，理论体系在其理论框架之内的学校就是好学校；教师们认为，能使他们快乐工作并获得成就感的学校就是好学校；家长们认为，能培养其子女成人、成材的学校就是好学校；学生们认为，能使他们快乐学习、实现自我的学校就是好学校……然而，无论时代如何进步、社会如何发展，无论对何人而言，学校的使命和目标是永恒的，那就是提高人的素质，向社会输送有用人才。学校要最大限度地帮助“学校人”实现其可能的发展目标。人类的发展需要文化的传承，文化依托各类符号进行表达，文化中蕴含着人的情、体现着事物的理。人类发展历史是丰富多样的，人在适应环境、历史的同时改造着环境与历史。每一所学校因其办学理念、学校文化的不同，而表现出不同的发展样态。学校是人类文化传承的重要机构，所以一所好的学校应该是一个“四有”的场所，即“有人、有情、有理、有神”之地。

一、好学校应有“人”

“学校是人和人的集合体，也是人与人互动的实践田野。”以高等学校为例，从教学到科研，再到社会服务、文化传承创新、国际交流与合作，都需要人去实现，其核心要素都是人的发展。这个人可以是学校中的人，也可以是学校外的人，可以是国内的人也可以是国外的人。这些人中有一位核心的人物，那就是校长。一所学校要想成为好学校，校长是关键。教育家陶行知先生曾经说过：“校长是一所学校的魂。”这并不是说校长本身是这个学校的灵魂，而是说校长的办学理念与管理经验要凝聚起来成为学校的精神追求。

在有关“什么是好学校”等命题的论述中，诸多研究者与实践者都认为一所好学校必须要有一位重要的人——“好校长”。可以说，“好校长就是一所好学校”。如以刘铁芳教授为代表的学者认为，在我们的教育体制没有足够完善的背景下，一位好校长确实就是一所好学校。因为校长是“为学校寻找灵魂”的关键人物，校长人格代表学校旗帜。在中国教育发展史上，如北京大学的蔡元培、华南理工大学的朱九思、湖南师范大学的张楚廷等好校长带动学校发展的实践，就证明了一位好校长对一个学校发展的意义。他们拥有独特的人格魅力，有着对教育的特有情怀，他们的办学理念和管理经验为学校、教育界乃至社会的发展都产生了重要影响。

同时，好学校的管理应该看得见作为教师和学生的“人”。无论是校园文化还是管理制度都应该“以人为本”，将广大师生员工的利益放在首位。让每个“人”都有机会并努力去追寻学校共同的愿景下的个人理想，每个人距离理想进一步，学校的愿景目标实现的可能性就大一点，这是一个聚魂的过程。

二、好学校应有“情”

“我们长期以来是靠正式群体的力量教育群体中的每一个人……如果现在正式群体只是一种完成任务的工具性组织而没有人际之间情感交流，这个群体实际上是不健康群体。”学校是聚集正式群体的，有目的、有计划实施教育活动的场所，人是这个场所中的重要元素，有人的地方就应该有“情”。所以，一所好学校应该是有“情”之地，这是一所学校成为好学校的前提与基础。

针对教育的两大要素——教育者和受教育者而言，教育者应该具有浓厚的教育情怀，受教育者应该拥有强烈的学习热情。好学校是充满活力与智慧的教与学的统一体，它致力于帮助学生学会运用自己的智力。一所好学校的情体现为师与师、师与生、生与生之间的情感与关爱。首先，教师是有教育情怀的。教师的教育情怀是指无论是学校的管理者还是专任教师，都对教育事业怀有理想，对学校抱有期望，对学生有爱心、信心、耐心、责任心，希望通过自己的努力为学校、学生的发展做出贡献。有了教育情怀，教师们不仅有内在的尊严感，更有职业的幸福感；学生们能够得到尊重、关爱与支持。一所好学校能让年轻的学生们充分发挥自身优势并养成勤于思考的习惯。学校充分利用教育资源帮助学生充分认识、发掘自身潜力。在一所好学校中，绝大多数学生一定是积极向学，勇于求真、求善，具有强烈的学习动机与热情的，有了学习热情，必然会取得一定程度的进步。每一个学生都可以体会通过自身努力获得成功的愉悦感，并实现阶段性的自我发展。

三、好学校应讲“理”

学校因人的教育而产生，人的发展推动学校的发展。“理性的力量被捧为人的最高力量”，“理性能力确实是一切人类活动的故有特性”。这种力量有助于人类享有相应的权利。一所好的学校应该是讲“理”的，这里的“理”主要是指学校的管理与治理要合乎人的理性。“在每个管理决策或每一项管理措施的背后，都必须有某些关于人性本质以及人性行为的假设。”一是指办学校的理念，即学校秉持的理想和信念。学校在不同发展阶段，都要有先进的办学理念。二是指学校的整治与管理。学校在不同发展阶段，要有科学的治理方法与手段。

学校是一个组织，要实现组织利益最大化，就要有科学的治理理念。学校的顶层设计不是随心所欲的，而是通过广泛的实际调研与反复研讨论证形成的学校所有成员都希望达成的共同愿景。学校的日常管理也不是主观臆断的，而是要讲规范的。好的校长可能会对学校各方面发展有着重要的作用，然而，好学校的形成是“天时地利人和”的结果，如果片面强调好校长与好学校的因果关系，将好学校等同于好校长，就容易误认为好学校是“人治”的结果。在依法治国的背景下，学校的治理也应该依法、守法。一所好学校要依据国家各级各类教育法规、政策、制度制定本校的章程及规章制度，无论是作风管理、教学管理、教师管理、学生管理，还是其他日常管理都应严格照章执行。学校的运行、发展、督导、评估过程是一个多元主体共同参与、共同治理的动态过程。

四、好学校应显“神”

一所好的学校是有神的，办学特色就是一所学校的“神”。这里的特色指学校的办学精神与学校人的治学精神，二者和谐统一。首先，学校要有合理、高立意的校训。校训是学校的精神内核，直接决定办学理念与治理方法。一所好学校需要提炼出与其自身发展历史、现状相吻合的精神内核，以彰显学校独特的气质。其次，每所学校的历史背景、地理位置、资源配置都是不同的，每所学校都是独特的个体，这些不同会打造出不同的特色。

学校的特色不是一朝一夕就能形成的，而是要经过长时间的理论探索和实践创新。特色可以是自然形成的，也可以是人为打造的，它是一种环境、一种氛围。学校的环境包括硬环境和软环境。硬环境是指学校的地理位置、校舍建筑、设施设备、经费投入等实实在在的资源环境；软环境是指学校传统、师资水平、制度等影响学校质量的软性条件。学校的氛围是指基于学校环境所形成的校园设计、师生言行等，严格意义讲也是一种软环境。学校特色的形成要在满足统一标准的基础之上，实现个性化发展。

特色一旦形成，学校就拥有了特有的文化，它是学校全体人员共同追求的结果。因此，好学校的特色一定彰显于学校每个人的一言一行，每一物的设计与摆放。反过来讲，正是因为学校的每一个人，尤其是学生的个性得到尊重和张扬，学校的特色才得以形成。一所有特色的学校，能为学生提供展示个性的机会，能使教师养成独特的人格魅力，"传道授业"有尺度、讲方法、遵礼仪。每一个人都能在学校这个大平台上努力实现自己的追求。

参考文献

陈孝彬，1999. 教育管理学［M］. 北京：北京师范大学出版社.

胡东芳，2004. 什么样的学校才是真正的好学校：中国和美国评价标准的比较［N］. 中国教育报，2004-04-13.

卡西尔，2013. 人论：人类文化哲学导引［M］. 甘阳，译. 上海：上海译文出版社.

黎红雷，2000. 人类管理之道［M］. 北京：商务印书馆.

刘铁芳，2008. 好校长就是一所好学校［J］. 教书育人·校长参考，6：1-4.

张莉莉，2012. 什么样的学校才是好学校？［N］人民政协报，2012-12-19.

眉山市三苏文化旅游对外传播现状研究

罗惠扬

摘　要

中共中央办公厅、国务院办公厅发布的《关于实施中华优秀传统文化传承发展工程的意见》指出，各地要大力发展文化旅游，引导游客在文化旅游中感知中华文化。根据四川省委和眉山市委推动眉山开放发展的决策和部署，发现眉山市三苏文化旅游对外传播现状“突破尚难，创新不足”。本研究通过数据调研与分析，对眉山市三苏文化旅游对外传播现状及存在问题进行探究，从促进旅游产品多元化发展、拓展海外平台、鼓励学者等方面对眉山市三苏文化旅游对外传播途径提出建议，以期推动眉山市三苏旅游文化传播和地方经济发展，加快三苏文化走向世界，使眉山成为新的旅游高地。

关键词

三苏文化；文化旅游；对外传播

一、研究背景

文化是民族的血脉，是人民的精神家园。为建设社会主义文化强国，增强国家文化软实力，实现中华民族伟大复兴的中国梦，2017年1月25日，中共中央办公厅、国务院办公厅印发了《关于实施中华优秀传统文化传承发展工程的意见》，提出要大力发展文化旅游，充分利用历史文化资源优势，规划设计推出一批专题研学旅游线路，引导游客在文化旅游中感知中华文化。按照党中央、四川省委决策部署，成渝地区双城经济圈建设及成德眉资同城发展将全面打破行政壁垒，促进区域内要素自由流动，扩大巴蜀文化交流合作，特别是巴蜀文化旅游走廊建设，有力推动成渝两地文化旅游产业深度融合。这也是三苏文化与旅游融合发展，成为巴蜀文旅走廊中璀璨耀眼的明珠的千载良机。随着《中共眉山市委关于建设环成都经济圈开放发展示范市全面推动眉山高质量发展的决定》的通过，以及“奋力推进‘七个一’工程”的提出，开发眉山市三苏文化旅游，打造眉山旅游特色名片，探索眉山市三苏文化旅游的对外传播途径，使具有文化特色的眉山成为新的旅游高地，成为加快眉山三苏文化旅游传播和地方经济发展的重要渠道。

眉山历史文化悠久，是三苏文化的发源地，享有“千载诗书城”的美誉。近年来，眉山市对外开放进程不断加快，通过举办东坡国际文化节、打造话剧《苏东坡》并在全国巡演、赴国外举行眉山文化旅游专场推介会、在城市建设中融入东坡文化等举措，让三苏文化名扬全国乃至全世界。文化已成为这座城市的灵魂，但如何让旅游资源与眉山的历史文化深度融合，走出独具特色的三苏文化旅游发展之路，打造眉山三苏旅游文化对外传播的更高平台，提高眉山知名度，成为一项意义重大的研究课题。

二、三苏文化对外传播现状

眉山作为三苏文化的发源地和传承地，辉耀古今，这不仅是因为三苏文化博大精深，更是依靠三苏文化传承者的不懈努力。近年来，在眉山市委市政府的统筹安排和社会各界的共同努力下，三苏文化已走出国门，走向世界，“眉山苏轼”已渐渐成为“世界东坡”。

“问汝平生功业，黄州惠州儋州”。2010 年，首届东坡文化节于 12 月 18 日—19 日在海南省儋州市举行。儋州市、惠州市、黄冈市、眉山市四个城市缔结为友邦城市，轮流举办东坡文化节，以传承优秀传统文化，促进经济和社会的共同发展。东坡文化节迄今已在眉山举办 3 届，来自世界各地的数千人参加了活动，东坡文化节已成为眉山对外传播三苏文化的重要载体。东坡文化节精彩的东坡诗词唱诵表演，向世界生动展示了三苏文化，让全世界的人都能感受到中国古典诗词的美，既具有创新性和国际性，又充分体现了眉山作为三苏文化发源地的特色。

东坡文化节也为三苏文化，尤其是东坡文化研究提供了契机。眉山已连续举办 4 届眉山东坡文化国际学术高峰论坛。2017 年 11 月，由眉山市人民政府、中国苏轼研究学会主办，中共眉山市委宣传部、眉山市东坡区人民政府承办的首届眉山东坡文化国际学术高峰论坛在眉山黑龙滩举行。该论坛作为本次东坡文化节的核心内容，吸引了90多位来自海内外的苏学专家，他们提交了相关论文共计70多篇。这些论文学术研究主题突出，观点新颖，极大地提升了东坡文化节的学术价值。2018年，第二届眉山东坡文化国际学术高峰论坛暨四川音乐周在眉山开幕，论坛主题为“东坡文化与新时代的开放合作”。来自海内外的苏氏宗亲代表、国内外著名苏学专家、18个东坡遗址遗迹地城市专家齐聚眉山，从不同的文化背景和话语体系研究东坡精神和东坡文化在新时代的价值。在第三届眉山东坡文化国际学术高峰论坛上，除国内专家和广大东坡文化爱好者，还有韩国、日本等国的苏学专家、“苏体”书法家、画家等各界嘉宾100余人齐聚东坡故里，共襄盛会。共征集到国内外170余篇关于苏轼书法与绘画的相关论文，共同探讨东坡文化在当代的价值，具有较高的国际学术影响力。

2018年2月，历经3年精心打造的话剧《苏东坡》在成都首演，随后该剧主创团队应邀在国家大剧院展演，接着又在乐山、眉山、内江、宜宾、泸州、广安、达州、重庆、儋州、惠州、广州、黄冈等10多个城市演出30多场。该剧具有较高的艺术价值和传播价值。

近年来，借三苏文化的影响力，眉山旅游也迈出了国际化的步伐。先是眉山市被评为亚太地区2016年（二三线城市）首选旅游目的地，标志着眉山旅游第一次被国际性的旅游组织认可，开启了眉山旅游亚太地区营销推广的序幕；接着，2017年5月，世界三大旅游组织之一的亚太旅游协会在2017斯里兰卡峰会上举行了眉山文化旅游专场推介会；之后不久，眉山代表团访问泰国旅游协会，就眉山旅游宣传推广、旅游线路和旅游产品的开发、友城建设等进行了友好会谈……

三苏文化融入城市建设。眉山以三苏文化为核心，着力建设文化强市，实现文化吸引人气、文化助推发展。眉山不仅有三苏祠、古城墙遗址、古城门楼等名胜古迹，还有东坡城市湿地公园、东坡竹园，以及以苏洵、苏轼、苏辙、苏母为主题的新建园林。2014 年建成的东坡城市湿地公园，是眉山最大的公园，公园里老泉桥、醉月桥、颖滨桥等 13 座桥的名称，就来自“三苏”生平故事或文学创作。眉山城区的东坡大道、滨江大道、东坡城市湿地公园等成了市民和游客赏秋拍照的热门“打卡地”。仿古城门楼、仿古公交站台、城市绿道、彩林绿化带交相辉映，展示出眉山深厚的文化底蕴。改造完成的三苏祠，以更整洁、更古典、更通透疏朗的形象呈现在市民和游客面前，受到了广泛好评。以苏洵、苏轼、苏辙、苏母命名的四个文化主题公园，连起古与今，深度融合眉山深厚的文化底蕴与繁华的城市景观，使这座城市的内涵变得更加丰富。三苏文化元素见于这座城市的每一个角落，让城市更有内涵、更有灵魂。现代化的表达方式，也赋予三苏文化以新的丰厚的内涵，翻开了这座城市富有时代特色的三苏文化新篇章。近年来，眉山市还通过城市基础设施改造，让无形的三苏文化形象化，并逐步融入市民生活中。

三、数据调研与分析

（一）问卷设计与发放

本研究选取眉山三苏祠作为三苏文化具有代表性的旅游景点，采取问卷调查和深度访谈的方式对在眉山当地 16~55 岁的游客进行调查。调查人数共 220 人，共获得有效问卷 220 份，有效问卷率 100%。调查发现，大多数人是跟朋友或集体出游，且只游览过一次的较多；有 21 人为第一次到中国或者在眉山旅居的外国游客。数据在一定程度上真实反映了眉山作为“东坡故里”、三苏文化起源地，以及三苏文化对外传播平台的情况。问卷调查情况如表 1 所示。

表1 问卷调查情况

项目		人数/人	占比/%
性别	男	106	48. 18
	女	114	51. 82
来源地	眉山	69	31. 36
	外地	130	59. 09
	国外	21	9. 55
年龄	18岁以下	3	1. 36
	18~25岁	54	24. 55
	26~35岁	62	28. 18
	36~45岁	73	33. 18
	46~55岁	28	12. 73
职业	政府公务员	45	20. 45
	企业工作人员	10	4. 55
	事业单位人员（文教科技类）	77	35
	服务/销售人员	41	18. 64
	学生	47	21. 36
受教育程度	初中及以下	3	1. 36
	高中/中专	17	7. 73
	大专	36	16. 36
	本科	81	36. 82
	硕士及以上	83	37. 73
月均收入	2 000元及以下	49	22. 27
	2 001~4 000元	69	31. 36
	4 001~6 000元	68	30. 91
	6 001~8 000元	32	14. 55
	8 000元以上	2	0. 91

表1(续)

项目		人数/人	占比/%
来三苏祠游览次数	1 次	135	61. 36
	2 次	58	26. 36
	3 次	11	5
	3 次以上	16	7. 27
旅游兴趣	毫无兴趣	0	0
	有一点兴趣	86	39. 09
	无所谓	29	13. 18
	比较感兴趣	89	40. 45
	非常感兴趣	16	7. 27
旅行方式	通过旅行社	5	2. 27
	亲友一起自助出行	215	97. 73
	单独一人自助游	0	0

（二）游客对“东坡故里”的认知情况与分析

对于游客对“眉山是‘东坡故里’”的认知程度，可从知晓度、来源认知和态度三个方面进行调查（见图 1）。

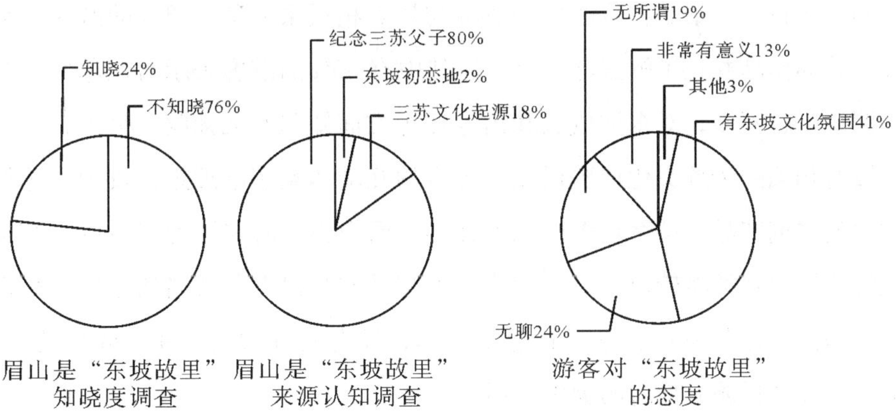

图 1　对“眉山是‘东坡故里’”的知晓度、来源认知和态度的调查情况

对“眉山是‘东坡故里’”知晓度调查可知，有76%的游客不知道眉山是“东坡故里”，有24%的游客知道眉山是“东坡故里”。可见，当提到苏轼时，大部分游客并不知道苏轼的故乡是眉山。对“眉山是‘东坡故里’”来源认知调查来看，有80%的游客认为与纪念三苏父子有关，有18% 的游客认为与三苏文化起源有关，仅有2%的游客认为与东坡成长经历有关。可见，大部分游客对“东坡故里”的来历没有清楚的认识。从游客对“眉山‘东坡故里’”的态度调查得知，认为“东坡故里”有文化氛围和非常有意义的游客分别占到41%和13%，持有无聊和无所谓态度的游客分别占24%和19%。可见，有54%的游客对“东坡故里”持积极的态度，而有43%的游客对“东坡故里”持消极态度。

（三）游客对眉山三苏文化代表性景点旅游体验调查与分析

由图2可知，三苏祠是眉山最著名的景点之一，通过以三苏祠为媒介，调查大众对于三苏旅游文化的认知会更加准确，调查结果对三苏旅游文化未来的传承与发展起着重要作用。多数游客在三苏祠游览过程中领略到了川西园林的独特韵味，赞叹自然环境非常优美。祠中古建、文物文化氛围浓厚，让游客身临其境地触碰历史遗迹，通过古迹了解三苏生平事迹并产生新的认识，从千年历史积淀中，感受三苏文化。但在游览中，游客情感共情体验不足，由于诗歌文字的讲解较少，很难将诗歌中的意境与景观相联系。参与调查的游客多数阅读过三苏的作品并且了解三苏文化，但其中有85%的游客表示对三苏文化与眉山的渊源了解不多，对东坡成长和出生地等方面知识并无知晓。另外，三苏祠中并没有相关的传统文化体验活动，游客的互动体验感不理想；较少人选择购买相关的文创产品，游客重游愿意不强烈。眉山当地游客认为眉山以三苏文化为主的旅游项目类型较单一，仅知晓三苏祠及部分以三苏命名的公园。很多项目并未得到广泛的推广，景点打造不成熟，没有具有欣赏性和体验性的项目，这对游客在选择旅游地时的吸引力不足。

本次参与调查的人中有21名外国友人，他们或第一次来中国或首次旅居眉

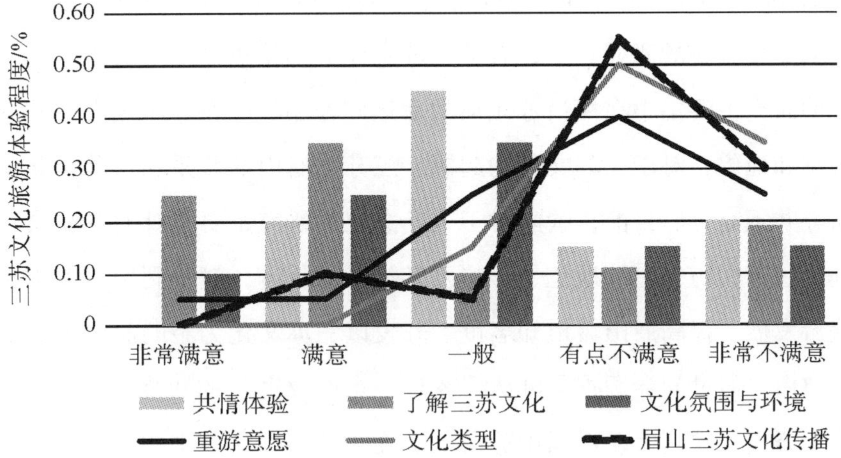

图 2　三苏文化旅游体验调查情况

山。访谈中了解到，21 名外国友人均不了解三苏父子，也没有读过相关的诗词作品，由于语言限制，即使身在眉山，游览过三苏祠也对三苏文化并无太多了解。他们表示虽然通过网络可以搜索到相关的信息，但在来眉山之前并没有听说过此类信息，也对眉山和三苏之间的关联并无知晓。

四、眉山市三苏文化旅游对外传播存在的问题

笔者通过查阅眉山市委宣传部编制的 2015—2019 年对外宣传资料《眉山影响》，探究了近五年眉山市在三苏文化旅游传播方面所做出的努力与收获。在眉山市委市政府强有力的推动和市委宣传部精心规划和不懈努力下，眉山丰厚的历史底蕴以不同的姿态和面貌不断展现在世人面前：国际学术盛会、学术交流论坛、眉山文化旅游国外专场推介会意义重大，三苏祠作为眉山地标首次登上春晚舞台。但通过查阅文献、问卷调查、实地走访及访谈等对眉山三苏文化旅游进行调查，笔者发现眉山三苏文化旅游在对外传播方面还存在着一些问题。首先，通过输入诸如 Sansu and Meishan、Sansu cultural tourism、Sansu culture、

Dongpo culture、the hometown of Dongpo、Sansu research 等关键词发现，国外学者对三苏文化旅游的研究较少，有关三苏文化的书籍更是少之又少。国外对东坡文化的研究主要集中在探讨苏东坡的命运和作品，以及苏东坡在中国思想史上的影响和地位，对于三苏文化的起源、三苏与眉山的联系和三苏文化的对外传播研究并不充分。目前，国内对于三苏文化的研究主要是针对苏轼文学作品的解读，三苏在历史上的地位、影响及其社会贡献等，对于利用三苏文化做好城市旅游发展、提高眉山城市知名度、开发以三苏文化为主的旅游模式等的研究尚属空白。通过问卷调查，可从游客对"东坡故里"的知晓度、来源认知和态度三个方面了解到大众对眉山旅游的态度与体验。三苏文化旅游产品也较单一，仅仅依靠以三苏祠作为核心内容进行打造，受众群体有限，也无明显创新，很难有大的突破。眉山三苏旅游文化的国际宣传力度不大，宣传形式、宣传方法、宣传内容及宣传手段较为单一。

五、眉山市三苏文化旅游对外传播途径建议

（1）促进旅游产品多元发展，宣传眉山特色

首先，以三苏祠为核心，打造5A级旅游景区，建设国家一级博物馆，做强做大三苏文化旅游产业。文旅结合，借鉴杭州西湖景区的《印象·西湖》、杨丽萍的原生态大型歌舞《云南映象》等典型"印象"系列，策划一出讲述东坡成长经历的舞台剧，让"印象东坡"为大众科普知识的同时，提高眉山的知名度。其次，2019年眉山市承办了联合国教科文组织"历史村镇的未来"国际会议，眉山的文化与城乡发展登上了国际论坛。眉山三苏文化旅游可以借助乡村旅游资源和民俗文化，开发出更多三苏文化与民俗融合的旅游景区和旅游项目，打造网红村落和"苏迷"小镇，并树立标杆和典型进而推动传播；设计打造一条精品文化旅游线路，加入东坡文化体验活动和研学的精品之旅；在文创纪念

品、文化体验活动中加强旅游者的体验参与感。再次，区县城市可以在本地三苏文化资源开发上投入更多的人力、物力和财力，以当地民俗文化和特色饮食吸引投资，结合当地民间传说、东坡饮食文化、唢呐文化、藤椒文化等打造更多特色旅游项目。最后，要实现有效传播还需要政府相关部门的顶层设计及群众的密切配合和通力协作，整体规划并打造与三苏祠重点景区相辅相成的宣传平台，形成以三苏文化特色为主，融合历史、民俗、饮食等当地特色文化的可持续发展的产业链。

（2）拓展海外平台，提升眉山影响

加大宣传力度，革新宣传手段，形成专业的宣传团队。可以探索搭建“城市宣传+三苏文化宣传+景区旅游宣传+游客互动”为主要板块的中英双语城市文化旅游网站，向各种媒体、互联网平台进行对外宣传；可以利用目前流行的新媒体以及打造网红形象的传播方式，将东坡青春故事以英文视频的形式投入网站，开放交流互动区，国内外游客可以在网络上进行交流、查找攻略、订购门票，制作团队也可以发布原创短视频向游客提供旅游线路、旅游宣传片、景区导览、景点介绍、旅游攻略等高质量的旅游信息，使眉山成为国内外游客的向往之地；可通过加大在公共场所内播放三苏旅游文化宣传片的力度等，让更多游客了解眉山，了解三苏文化，对三苏旅游文化有所向往。

（3）鼓励学者作为，提升翻译水平

习近平总书记明确提出要讲好中国故事，传播好中国声音。因此，要让更多的外国人了解眉山、走进眉山，还要让独具特色的眉山三苏旅游文化走出国门，走向世界，讲好中国故事、传播好中国声音。首先，要规范旅游景点、古镇、村落等地的英文标语，以及图片、视频、宣传片上的英文翻译，使眉山三苏旅游文化能够得到广泛、正确的传播。其次，眉山高校的外国语专业可以设置专门的三苏旅游文化外语相关课程，针对眉山旅游特点，尤其是三苏旅游文化的特点形成旅游文化特色课程体系，并针对三苏文化特色加大国际化导游人才的培养和培训力度，使人才培养适应地方经济发展需求，以培养具有国际视野、高素质的导游人才和旅游服务人才。再次，三苏旅游目的地的导游词应该具备多国语种的高水准翻译，采取归化的翻译策略，使翻译更加贴近本族语使用者，给来旅游的外国游客留下深刻的印象，让他们在感叹三苏文化博大精深之外，还能体会到中国走内涵式发展道路的决心。最后，政府应加大对苏学专家、文化研究者、语言工作者出版或制作有关三苏文化的书籍、宣传片、短视频的支持力度，以扩大受众范围，加快眉山三苏旅游文化产业向世界传播的进程。

参考文献

何琳，周银枝，2019. 基于感知价值的红色旅游游客满意度研究：以嘉兴南湖景区为例［J］. 嘉兴学院学报，31（5）：119-125.

孙丽伟，2019. 吉林市冰雪旅游文化本色发展与对外传播研究［J］. 吉林农业科技学院学报，28（3）：46-48.

新华社. 中共中央办公厅 国务院办公厅印发《关于实施中华优秀传统文化传承发展工程的意见》［EB/OL］.（2020-1-25）［2021-03-11］. http://www.gov.cn/zhengce/2017-01/25/content_5163472. htm.

东坡竹文化在眉山城市景观营造中的应用初探[①]

李 义 杨俊辉 张 民 侯庆莉

摘 要

竹是我国南方广泛分布的植物，也是最能代表眉山精神的植物，深受人们的喜爱。中国古今许多文人墨客，他们爱竹、种竹、咏竹、画竹、用竹、吃竹，把中国竹文化推向一个崭新的历史高度。其中，苏轼是代表人物，竹文化是东坡文化的组成部分。本文在对有关材料进行整理、综合、分析的基础上，概述了苏轼对我国竹文化做出的贡献，初步探讨了东坡竹文化在眉山城市园林景观中的应用现状，并提出了建议。

关键词

东坡竹文化；城市景观；应用；建议

① 本文系四川省教育厅人文社会科学重点研究基地四川景观与游憩研究中心科研项目“东坡竹文化及其在眉山城市景观营造中的应用”（JGYQ2020027）的研究成果。

在我国源远流长的文化史上，松、竹、梅被誉为“岁寒三友”，而梅、兰、竹、菊被称为“四君子”，竹均列其中，可见竹在我国人民心中占有重要地位。自古以来，我国人民称竹有“刚、义、柔、忠”四德，凝聚了中华民族坚贞、谦虚、旷远、高达的文化心理，反映了民族性格，因此，竹很自然地被文人雅士当作遣怀寄兴的媒介。爱竹、赏竹、慕竹、咏竹、画竹、刻竹的名人层出不穷，如魏晋时的阮籍、嵇康七人，因爱竹而常在净美清幽的竹林中聚会，谈文论世，号称“竹林七贤”；唐代“竹溪六逸”常以竹林为家，赋诗吟啸；清代的扬州八怪之一郑板桥更是将自己的气节寄托于画竹之中。但若论对竹的喜爱程度，对竹文化的贡献，自古以来，没有谁能与苏轼相比。

一、东坡竹文化概述

苏轼（1037—1101），字子瞻，号东坡居士。宋代眉州（今四川省眉山市）人。其父苏洵、弟苏辙都是著名古文学家，三人世称“三苏”。苏轼在嘉祐年间中进士，任凤翔府签判，主张改革弊政。神宗时反对变法，但在密州、徐州任上抗洪灭蝗、赈贫救孤，颇多政绩。后以“谤讪朝廷”贬黄州。哲宗时任翰林学士，出知杭、颍、扬、定四州。徽宗初遇赦召还。苏轼是一位通才，在诗、词、文、书、画方面都是开派人物，他的散文与欧阳修并称“欧苏”；他的诗和黄庭坚并称“苏黄”；他的词和辛弃疾并称“苏辛”；他是“苏、黄、米、蔡”四大书法家之一；他的画开创了湖州竹派。诗文有《东坡七集》等，存世书迹有《答谢民师论文帖》《祭黄几道文》《前赤壁赋》《黄州寒食诗帖》等，画迹有《枯木怪石图》《竹石图》等。苏轼不仅是文学家、政治家与思想家，而且还是一位酷爱栽花种草、热衷园林的学者，在苏轼的所有诗文当中，经统计约有200余处有关竹，这表明了苏轼是爱竹、赏竹、咏竹、画竹、记竹的名家。东坡竹文化主要表现在以下几方面：①竹对于苏轼，几乎成为他生命的一部分，渗透到衣、食、住、行方方面面；②苏轼与文同开创了一直主宰着画坛画竹的“湖州竹派”；③据文史学家考证，“岁寒三友”的典故源于苏轼；④苏轼一生创作了大量有关竹的诗文。

二、竹在眉山城市园林景观营造中的应用现状及建议

自1997年眉山建地市以来，眉山的城市风貌发生了巨大的变化。纵观城市园林景观的营造，园林植物的选择大致经历了三个阶段：一是盲目引种外来植物阶段。这一时期，引种大量如小叶榕、巨桉、海枣、鱼尾葵、假槟榔、霸王鞭等外来植物，这些植物多数表现不佳，逐步被淘汰。二是开始注重乡土植物应用阶段。这一时期眉山在创建“四川省园林城市”“国家园林城市”与“国家森林城市”的过程中，根据《国家园林城市标准》与《国家森林城市评价指标》的要求，购买栽种了大量的乡土树种，如香樟、栾树、臭椿、榆树、朴树、皂荚、桢楠、水杉、竹等，使乡土树种数量占城市绿化树种使用数量的80%以上，符合《国家森林城市评价指标》的要求。三是提升城市品位阶段。这一时期眉山结合“双创”工作，大力改造城市环境，提升城市品位，加强了眉山有

代表性植物的栽种，特别是竹在眉山城市园林景观营造中的应用。

（一）应用现状

眉山市位于成都平原西南部，岷江中游和青衣江下游的扇形地带。眉山市境内山峦纵横，丘陵起伏，地势西高东低，最高海拔 3 522 米，最低海拔 335 米；中生代红色岩层分布广泛；年平均气温 17.1℃，极端最低气温-3.5℃，极端最高气温 38.6℃，年平均降雨量大于 1 000 毫米。自然条件复杂，适合中国大多数竹类的生长。现拥有竹林 108 万亩（1 亩≈666.7 平方米，下同），竹类 100 余种。

竹在眉山城市景观的营造中的现状主要如下：

1. 竹文化主题公园

主要包括眉山市东坡区的东坡竹园、滨江公园与青神县的中国首家竹林湿地公园、竹里桃花公园、竹里海棠公园等竹主题公园 5 个。它们与城市公园建设结合，用活竹元素、突出竹主题、彰显竹文化，对标 4A 级景区标准，总面积共 3 800 余亩，为眉山创建国家森林城市、全国文明城市、国家历史文化名城增色。

其中，东坡竹园是眉山第一个以竹类、竹文化为主，集科普、教育、竹博览为一体的开放性公园。总投资达 2 000 万元，总面积 39 857.02 平方米。以竹类为造园主要元素，采用 120 种以上竹类，以本地竹类为造园主要材料，并配以眉山地区不常见的竹类形成点景，挖掘东坡诗文中竹与桃花、竹与芭蕉、竹与梧桐等的搭配，重现东坡诗词中的意境；融入东坡竹文化，打造相应的竹元素节点，打造“一山二湖”，即在周围以筑山形式环绕，在中间打造两个主题水景，小品以竹与石的结合为主，在园内布置了十余处竹石小品。

竹林湿地公园是我国第一个以竹为主要景观的湿地公园，2016 年被评为“省级竹林湿地公园”，有湿地面积 2 000 亩，种植各类竹近 300 种。竹林湿地汲取中国古典园林之精髓，融入川西园林风格，以竹林景观为基底，以东坡文化和竹文化为背景，以青神竹编为特色，从空中鸟瞰，整个湿地水系犹如草书“竹”字。此外，辅以竹诗词等文化元素，让游客能全方位赏竹、咏竹、品竹、忆竹。具有“万竹博览、文化大观、休闲旅游、竹类科普”四大功能。

2. 竹径景观——翠竹长廊

主要包括眉山滨江大道苏堤公园·翠竹长廊、岷东大道·翠竹长廊等 6 个项目，现已形成 80 多公里贯通性竹林生态景观带。竹径景观—翠竹长廊与道路、河道绿化治理相结合，对标竹林长廊建设标准，高起点规划建设 14 条长 10 公里以上、宽 10 米以上的“翠竹长廊”。

3. 竹文化主题展馆

主要包括位于青神县的国际竹艺中心与国际竹编艺术博览馆。

其中，国际竹艺中心占地 11 亩，建筑面积 7 260 平方米。设计中充分考虑了竹元素和东方文化概念的融入，解析了青神竹的精神、结构、造型、颜色，并将其渗透到室内空间。如国际竹艺中心建筑外观取意于瓷胎竹编，以汉代方杯作为建筑主体造型，寓意青神竹编有口皆碑，建筑外立面凸显“竹”元素等。

国际竹编艺术博览馆是全国唯一的竹编艺术博览馆，是国家级非物质文化遗产——青神竹编的重要展示点，也是是国家 AAAA 级旅游景区——国际竹艺城的重要组成部分。

（二）建议

1. 加强对现有竹林景观的保护

如位于眉山东坡区的通惠河，原来河边都是郁郁葱葱的竹林，稍加修饰就是一道美丽的风景，后在改造中基本破坏。又如眉山东坡区的滨江公园，原来的竹林保留了一部分，改造的也不少。农村有的地方也存在砍掉原有竹林改种果树的现象。对现有竹林景观的保护刻不容缓。

2. 营造园林景观建筑时应充分考虑竹材的应用

竹除了作为一种观赏植物以外，还是一种优良的建筑材料，但在眉山现有的城市园林景观建筑中，用竹来建筑的亭、楼、轩、榭、桥等还很少。

如从唐代开始，便有文字记载以竹为材料建造的凉亭。唐代散文家独孤及的《卢郎中寻阳竹亭记》中写道："伐竹为亭，其高，出于林表。"竹亭一般结构简单，造型美观多样，在提供休息场所的同时，也是一种独特的园林景观建筑。江苏常州东坡公园的竹亭之所以称"竹亭"，据说有两个原因，一是苏东坡爱竹；二是当年建亭时用的材料是竹子。当年竹亭内曾有对联："爽借清风明借月，动观流水静观山"，横批是"与谁同座"。如今是木构八柱方亭，也不见了对联，实在是大煞风景。

又如竹桥作为一种园林景观建筑，形式种类十分多样，有平直的梁桥、富有韵味的浮桥、优美的拱桥等，可以应用于城市园林的水景。站在竹桥上，看着桥下潺潺的流水，会带给人优雅、宁静的感受。

3. 应深入研究东坡竹文化，在城市景观的营造中充分体现东坡竹文化

东坡竹文化是东坡文化的重要组成部分，然而当前对东坡竹文化的研究很少，在中国知网上输入"东坡竹文化"进行检索，没有检索结果数据。中国园林对花木有着独特的审美情趣与人文情怀，集中现在松、竹、梅、兰、菊等植物上。而以园林花木为代表的竹类植物本身，更是蕴含着中华民族的审美情趣，集中体现了儒家的美学思想"比德"、佛家的美学思想"寂灭"以及道家的美学思想"淡泊"。在中华民族传统文化中，竹子坚韧、不惧严寒的特点与中华民族传统的审美趣味、伦理道德意识相契合，因此竹子已经成为中华民族传统文化的基本精神和历史个性的植物载体。

对以"文化立市"为战略、打造东坡文化核心圈、建设"中国历史文化名城"的眉山来说，研究东坡竹文化，在城市园林景观的营造中充分体现东坡竹文化，才能更好地打造出具有东坡文化特色的城市风貌，体现出眉山人坚韧不

拔、攻坚克难的精神。

4. 在村镇建设中融入竹元素

眉山位于川西平原，川西平原一望无际，但目之所及，看到的是一处处散落的竹林，那些星罗棋布的竹林背后，就是千百个具有川西特色的农村院落。经过岁月的洗礼，这些农村院落形成了四川独有的农居环境形态——林盘院落。竹林深处，是自然纯朴的乡居，风吹之时，竹林沙沙低吟，阳光照处，光影斑驳流动 。院墙周围慈竹、硬头簧、毛竹等形成的竹林，遮天蔽日。这就是自古以来川西平原符合自然之道的农居环境。

在村镇建设中融入竹元素，既体现了四川特色，又改善了农居环境。青神县现已经建成南城镇、瑞峰镇、槽渔滩镇、“中国竹编第一村”兰沟村等竹林村镇，以及云华竹旅、汉阳忆村、竹林院子等竹林人家。其他区县对这方面考虑的还很少，应在新农村建设中加以规划。

三、结语

竹无牡丹之富丽，无银杏之伟岸，无桃李之娇艳，但它虚心文雅的特征，高风亮节的品格为人们所称颂。它坦诚无私，朴实无华，不苛求环境，不炫耀自己。看到竹，人们自然想到它不畏逆境、不惧艰辛、中通外直、宁折不屈的品格，这是一种取之不尽的精神财富。眉山在创建“全国文明城市、国家历史文化名城”的城市建设目标中，应加强研究竹在城市建设中的作用，因为竹代表了眉山城市的风貌，更代表了眉山人民的精神。

总之，竹具有实用性强、易成活，种植和维护成本较低，利于改善当地环境和突出体现本地文化特色的诸多优点，在现代城市景观设计中越来越受到人们的重视。除了竹外，其他如黄连木、南酸枣、梧桐、灯台树、乌桕等观赏价值较高的乡土植物也值得在眉山城市景观营造中充分推广应用。

参考文献

罗淞雅. 浅析竹在园林景观中的应用［J］. 现代园艺·综合版，2017（7）：57.

李义. 苏轼与竹文化［J］. 眉山职业技术学院学报，2005（1）：25-26.

文铭权. 竹韵眉山：风景这边独好［N］. 川报观察，2020-01-06.

导游讲解在政务接待中的探索

——以眉山樱花节为例

杨惠焜

摘　要

本文在对政务接待中导游讲解的重要性进行分析的基础上，发现了眉山政务接待中导游讲解现状和问题，并以眉山樱花节为例，进行眉山政务接待中，导游讲解在内容上、技巧上、人员素质上的探索。

关键词

导游讲解；政务接待；眉山樱花节

一、眉山樱花节概况

近几年，眉山市委、市政府践行“绿水青山就是金山银山”的理念，延续“绿化全川、樱漫眉山”的主题，于每年 3—4 月举办樱花节，坚定不移地沿着绿色发展路径，不断巩固绿色发展成果，为眉山创建全国文明城市、国家卫生城市和国家森林城市奠定良好的基础。“绿色生态”成为眉山的又一新名片。

眉山樱花节从每年的 3 月中旬延续到 4 月上旬。其间，将同步举办中国森林健康养生论坛暨生态旅游创新发展推进会、全省贫困县生态旅游产品展示展销会、自然生态教育体验大课堂公开课等系列主题活动，以及舞林大会、创意市集、摄影展等配套活动。未来，眉山还将推出“眉山浪漫樱花之旅”一日游、二日游、三日游等精品线路 20 余条，这些线路将串联起眉山境内两区四县的重点景区和特色乡村生态旅游景区景点近 40 个。眉山樱花节正掀起眉山深度文化游、生态康养游、美食美景游、研学教育游等热潮。

二、政务接待中导游讲解的重要性

（一）导游讲解是政务接待工作的重要组成部分

政务接待是指行政事业单位在迎接检查、指导、考察、交流、来访、洽谈、反馈、重要会议等行政事务过程中需要安排的各项工作的总称。我国素有礼仪之邦之称，政务接待工作具有鲜明的中国特色。

在检查、指导、考察、交流、来访等活动中，特别是在景区景点的检查、考察、交流中，导游讲解都是政务接待工作的重要组成部分。

（二）导游讲解是政务客人了解景区景点的重要途径

政务客人访问景区景点，主要想对景区景点的特色亮点有所了解，因此，导游讲解就是政务客人迅速了解景区景点的重要途径和方法。

（三）导游讲解是宣传景区景点、展现其软实力的重要窗口

导游不仅要为来访的政务客人提供高品质的景区景点导游讲解服务，同时还要宣传和推介本景区景点，展示地方发展成就和地方形象。因此，导游是展示景区景点软实力的重要窗口，是“一个景区和城市形象的塑造者、历史文化的传播者和发展成果的展示者”。

三、眉山政务接待中导游讲解现状和问题

（一）生搬硬套，为讲而讲

导游“生搬硬套，为讲而讲”的情况最为普遍，主要表现在：一是死记硬背导游词，讲解生硬、僵化，缺乏趣味性；二是知识面太窄，只能做到就景讲景，在深度、广度的拓展上做得不够，无法将本地发展融入导游讲解中；三是

针对性不强，将政务客人等同于一般游客，不能具体情况具体分析，不能充分展示本景区、本地或者本区域的特色。例如在第一届眉山樱花节期间，有一个来自雅安的政务考察团队参观樱花博览园，讲解员小赵进行接待。参观途中，小赵提供讲解服务，背诵痕迹相当重，缺乏生动性、形象性、趣味性。当客人问及樱花与其他花卉相比，有什么突出优点时，小赵因导游词上没有涉及此内容，一时语塞，不知如何作答，给客人留下了不好的印象。

（二）讲解尚可，引导不足

导游在讲解中，专注景区景点讲解，讲解和表达尚可，但是不太注重对政务客人的有效引导，导致政务客人除了对本景区景点有了解之外，无法透过本景区了解整个地方、区域的发展，无法了解到该地区对政策、方针的贯彻落实等。例如在第二届眉山樱花节期间，有一个来自巴中的政务考察团队参观樱花博览园，讲解员小李进行接待。一路上，小李热情地讲解关于园区内樱花的相关知识，客人也听得饶有兴趣。突然有一客人发问："小李，请问你们樱花园是政府出钱修建的，还是社会力量投资修建的?"小李回答："眉山樱花博览园是眉山市政府投资5.3亿元修建的。"客人又问："那面向市民开放，收不收门票?"小李回答："不收门票，免费参观游览。"客人再追问："那市政府投入5.3亿元修建樱花博览园，免费供市民参观游览，又不收门票。请问如何收回建设成本以及如何维护日常的运营呢?"小李完全没有料到客人会问关于园区建设、运营等方面的问题，顿时哑口无言，非常尴尬。

（三）重点不突出，注意力分散

在讲解过程中，导游技巧掌握不足，重点不突出，特别是对政务接待中的重要人物没有充分重视，注意力分散，效果不好。例如第一届眉山樱花节开幕式完毕后，有嘉宾游园环节。小王负责接待一个知名企业考察团。其中就有该企业的董事长。按惯例，小王走在整个队伍的左前方1米处，进行引领和讲解。

当时由于另一位嘉宾要和董事长私下交流工作，小王为了不干扰其谈话，便脱离了引领位置，走到参观队伍中，为队列中间的其他嘉宾提供讲解服务，把董事长晾在一旁。随行的工作人员见状，立马示意小王回到引领位置，以董事长为中心来进行讲解。幸好小王改正及时，没有造成不良影响。

（四）预案不足，应变不力

凡事预则立，不预则废。导游在接到讲解任务的时候，如果没有做好充分准备，面对突发状况，没有形成应急预案，没有一套行之有效的应变技巧，就会在突发情况出现时，手足无措，无法化危机为机遇。例如第一届眉山樱花节时，小刘带领 VIP2 号团参观樱花园。当天刚好下过雨，天色灰蒙蒙的。来到樱花湖畔，小刘生搬硬套地讲解：“各位游客，现在我们来到的是樱花湖。蓝天、白云、樱花倒影在清澈见底的湖水中，显得如此宁静唯美。”有一位客人当场反驳：“导游，这刚下过雨，湖水明明就浑浊不堪。何来清澈见底一说?”小刘哑口无言。

四、眉山政务接待中导游讲解发展探索

（一）导游讲解内容上的探索

1. 讲解主题突出，富有创新

讲解内容好比美食的原材料，要烹饪出美味可口的食品，就必须要对原材料精挑细选，悉心加工。而政务客人几乎个个都是口味刁钻的“美食家”，粗制滥造的“食物”很难引起他们的共鸣。因此，讲解内容应该主题突出、富有创新。比如，在樱花节游园讲解中，经验丰富的导游不仅会向客人讲解樱花的相关知识，还会围绕“绿色生态”这个主题，讲解眉山市委、市政府打造“绿海明珠，千湖之城，百园之市”的一系列战略举措。这样的讲解，主题突出而且富有创新，让政务客人能明显感受到讲解内容是专门为他们创作的，立刻就

会产生共鸣。

2. 讲解内容有的放矢，针对性强

政务讲解内容不是千篇一律的固定内容，它必须从实际出发，因人、因时而异，有的放矢。政务接待客人不同于普通游客，切忌不顾差别，讲解内容千篇一律。当政务讲解任务下达之后，导游应及时全面地了解和研究讲解对象，及时针对讲解对象修改讲解内容，才能有针对性。比如，林业系统的领导，可能对樱花博览园的樱花品种、樱花培育、园林绿化感兴趣；文化系统的领导，可能会关注樱花背后的艺术审美和人文气息；城建系统的领导，可能比较关注园区征地、拆迁、补偿等一些具体措施办法；财政系统的领导，可能更关注园区建设成本、运营成本、收入支出等内容。所以，根据不同的讲解对象，及时调整讲解内容相当有必要。

3. 讲解内容要提炼升华

在政务接待讲解中，导游如果按照普通方法讲解景区景点，就会显得没有针对性和差别性，因此要注意对所讲的主题进行提炼和升华，最好能上升到“精神”层面，起到画龙点睛的作用。比如，讲解樱花博览园中的缩微景观——大雅堂时，不仅要讲解大雅堂的景点概况，还要讲解“登大雅之堂”的典故，再进一步讲“大雅精神”，将讲解内容进行提升，上升到中国传统文化中的“雅与俗”，最后点题“雅到极致即为俗，俗到尽头即是雅”，雅、俗是相辅相成、可以相互转化的，艺术的最高境界就是做到“雅俗共赏”，以此来点睛收笔。

4. 讲解内容要及时更新

社会在不断发展，景区景点也会在原有的基础上不断进行更新、改造，因此讲解内容必须要跟上时代的步伐，不能停滞不前。

（二）导游讲解技巧上的探索

在政务接待讲解中，导游的语言表达能力和语言表达技巧十分重要。因此，导游应该在这方面加强锻炼。

1. 庄重性——言之有真

导游应具有一定的政治高度，用真实、准确、质朴的语言，满足政务客人心理和情感上求知、求乐、求新、求异、求善、求美的需要。

2. 科学性——言之有据

在讲解中，导游应保持科学性，做到讲解内容言之有据，不能信口开河。如在樱花博览园导游词中，有对樱花原产地的描述：日本樱花虽然有名，但樱花原产地却不在日本。据史料记载，樱花最早出现在中国的喜马拉雅山地区，早在秦汉时期，宫廷皇族已经开始种植樱花，距今已有 2 000 多年的历史。盛唐时期，日本的留学生因仰慕樱花的风情万种，把樱花的种子带回国，不断地改良培育，这才有了后来风靡世界的日本樱花。

3. 知识性——言之有物

知识性就是指言之有物，导游在介绍景区景点的时候，要根据景区景点的实际情况，传播知识，提高政务客人对景区的认识。如介绍樱花博览园中樱花的品种、数量、审美特色等。

4. 艺术性——言之有趣

讲解的艺术性应是导游不懈追求的目标。言之有趣，让政务客人喜闻乐见，是导游需要不断提高的素质之一。如在讲解修建樱花博览园时，可以提到岷东新区政府对居民进行原址安置，将原来的棚户区进行集中改造，新建小区的住宅面积达 33.3 万平方米，投资 13.71 亿元，可容纳 2 365 户，真是地地道道的民生工程。正可谓是：“安得广厦千万间，大庇‘岷东’百姓俱欢颜”。

5. 适用性——言之有的

导游对政务客人要进行深入研究，讲解内容一定要有针对性，对不同类型的政务客人一定要有的放矢，区分差异。

6. 感染性——言之有情

讲解中，导游要感情充沛，语言要富有感染力，不能平铺直叙。如讲解名人与樱花的故事时，可以讲到我们敬爱的周总理的第一篇诗歌是 1914 年在天津南开学校写的《春日偶成》，樱花成为 16 岁的周恩来对春天的第一印象："樱花红陌上，柳叶绿池边，燕子声声里，相思又一年。"还有周总理早年赴日本求学时，写的四首诗都提及了樱花，可见周总理对樱花的喜爱，其中的《雨中岚山》被印刻在日本岚山公园，岚山公园也因此名气大增。在讲解诗词时，讲解员为了增强感染力、渲染情绪，可以用吟诵的方式进行。如此讲解，方能打动人心。

7. 形象性——言之有喻

在讲解过程中，导游应突出形象性，言之有喻，生动传神。如樱花博览园讲解词的结束语：各位嘉宾，现在我们已经来到樱花博览园的东大门。东大门的设计像大鹏展翅，它象征着眉山的发展如大鹏一般翱翔于天际，也祝愿各位嘉宾鹏程万里，前程似锦。

（三）导游人员素质上的探索

导游的讲解不仅能让政务客人对景区景点有全面的认识，同时在这个过程中，导游的形象也是对旅游景区对外宣传的一个窗口。优秀的导游不仅能给政务客人留下好感，而且还能影响政务客人使其发挥宣传员的作用。因此，导游的整体形象塑造在政务讲解中发挥着重要作用，改善导游的整体形象已经成为目前政务接待研究的重点之一。

1. 深厚扎实的解说基本功

政务讲解对导游的语言驾驭能力有许多要求，如对重音、停连、语气的要求等。所以，应该苦练基本功，将想要传递的信息表达清楚。语速不能太快也不能太慢，不能平铺直叙也不能感情激扬，不能没有肢体语言也不能过于夸张。

2. 个人自身素质的提高

导游在日常生活中，要不断积累相关旅游景区的景点知识，并培养发散性思维，将牢固掌握基本讲解内容的基础之上，深化拓展新的内容，使讲解水平得到全方位提升。与此同时，导游还应潜心听取政务客人的意见和建议，对某些问题和话题进行深入研究，储备知识和能力，营造愉悦和谐的旅游氛围。

3. 形成独特的讲解风格

独特的讲解风格，会对游客产生巨大的吸引力。要形成属于自己的讲解风格，就需要导游在日常生活工作中，多观察、多学习、多交流，并注意对感情融入能力的培养；同时还要提高自己的语言水平，重视肢体语言、眼神交流、服装搭配等。

4. 立足资源，提炼形象

在对景区景点进行讲解时，导游必然要以景区的自然和人文景观、浓厚的历史文化等作为讲解的主要内容；还应在此基础上加工整理，塑造景区特色鲜明的形象，从而形成特色化个性讲解内容。

参考文献

陈诚，2018. 导游讲解的内涵及其对旅游景区形象的影响［J］. 湖北函授大学学报，31（2）：109-111.

沈炜，2014. 导游讲解对旅游景区形象的影响浅析［J］. 知识经济，7：92.

李文艳，2015. 导游讲解对旅游景区形象的影响研究［J］. 东方企业文化，23：225.

郑肖阳，2016. 景区导游讲解能力提升探析：以莲泗荡风景区为例［J］. 当代教育实践与教学研究：电子版，4（8）：245.

马天宇，2016. 旅游景区导游讲解存在问题及解决对策［J］. 商场现代化，46（20）：245-246.

任梦雅，杜政，2010. 谈导游讲解对旅游景区形象的影响［J］. 边疆经济与文化，9：11-12.

眉山文化旅游资源探析

赵兴伦　雷徐姚

摘　要

“文旅融合，一体发展”的思路全面铺开，对文化和旅游事业发展有着重大意义。笔者对眉山文化旅游资源进行探索，提炼出其总体特征，提出在产品转化时要“抓源、兴文、显闲”的总体发展思路和“抓大、顾小、引进、走出”的发展路径。

关键词

文化旅游资源；文化旅游产品；思路和目标

2018 年 3 月，中华人民共和国文化和旅游部成立，标志着“诗”与“远方”终于走到了一起，“文旅融合，一体发展”的思路全面铺开，对文化和旅游事业发展有着重大意义。四川省是旅游资源大省，2021 年 4 月顺利完成了历时两年的全省文化和旅游资源普查任务；眉山也在全市范围开展了文化和旅游资源普查，摸清文化和旅游资源的总量、规模丰度、品级品质、开发潜力等，这是文化旅游发展的需要，也是科学谋划“十四五”的现实需要。笔者在研究眉山文化旅游资源的基础上，试图探索眉山文化旅游资源发展的思路。

一、眉山文化和旅游资源分析

眉山位于四川盆地成都平原西南部，岷江中游，总体地势西高东低，南高北低。眉山人文旅游资源丰富，人才辈出，文化资源和旅游资源交相辉映，相辅相成。文化旅游资源提炼总结如下。

（一）源

源主要体现在“蜀之源”“东坡源”两个方面。

1. 蜀之源

蚕丛又称蚕丛氏，眉山丹棱人，是古蜀国第一个蜀王，是“蜀”的化身。他还是古代神话传说中的蚕神、青衣神，据说青神县、青衣江之名均与之有关，他“衣青衣，劝农桑，创石棺”，以其胆略和智慧在成都平原发展生产和经济，铸就了古蜀国辉煌的历史。他在四川的历史地位相当于炎帝、黄帝在中国的历史地位。

2. 东坡源

苏东坡之名家喻户晓，蜚声海内外。2000 年，法国《世界报》在全球范围内评选出 12 位千年英雄（1001—2000 年），苏东坡是唯一入选的中国人。

苏东坡出生和成长于眉山东坡区。他波澜壮阔的人生始于眉山，因此说“眉山东坡源”“天府眉山东坡源”是再合适不过的。

（二）文

眉山人杰地灵，文化旅游资源丰富，各区域均有典型的特色文化旅游资源。如东坡区以东坡文化为代表，彭山区以养生、遗址、忠孝文化为代表，青神县以蚕丛、东坡、竹编为代表，仁寿县以山水、虞允文等为代表，洪雅县以康养、休闲、度假为代表，丹棱县以大雅、三彭七李为代表。

（三）闲

眉山休闲资源种类繁多，包括美食、休闲、度假、茶、民俗等。

美食方面：眉山地处成都和乐山之间，处于川菜上河帮的中心位置，美食资源丰富，在全省乃至全国都享有盛誉。

休闲方面：成都是休闲之都，作为成都的后花园的眉山，休闲因子一点都不比成都少，甚至较之有过。

度假方面：由于环境特殊，眉山十分适合度假，可以说眉山处处皆可成为“度假胜地”。

茶方面：从古至今，“蒙顶山上茶”一直享有盛名。其实蒙顶山周边气候环境条件相似的地方产的茶，皆为蒙顶山茶，如眉山的洪雅茶、丹棱茶、东坡茶等。

民俗方面：眉山民俗丰富多彩，从抬工号子到各类节会，从“九大碗”到东坡美食，种类繁多。

二、眉山文化和旅游资源开发的思路和目标

（一）思路

思路就是出路。目前眉山文化旅游发展较好的景区屈指可数，最优质的资源难以得到充分合理的开发利用，这是数十年来眉山文化旅游发展的最痛点。

笔者认为，在“摸清眉山文化旅游家底”的基础上，将资源转化为产品，让游客“来得了、留得住、忆得起、还想来”。产品转化时，还要遵循“抓大、顾小、引进、走出”的总体发展思路。

（二）目标

在“文旅融合，一体发展”的思想指导下，提出建设“独具眉山特色文化旅游集聚区和目的地”的发展目标。

三、眉山文化和旅游资源转化为文化旅游产品的路径探索

（一）抓大——优质资源抓重点

最主要的是将资源转化为产品，主要包括眉之名、蜀之源、东坡源、度假资源的产品转化。

1. 眉之源

眉山古称眉州，因峨眉山得名，但在文化旅游方面却为峨眉山屏蔽效应所

累。建议可以考虑恢复“眉州”的传统名称。

2. 蜀之源

先祖蚕丛，开创古蜀，影响深远，建议深入挖掘，开发蜀之源新景区。

3. 东坡源

目前只有三苏祠、远景楼两个景点可以让游客驻足，但也很难让游客停留 3 小时或以上，导致游客消费能力成倍下降。如果能长时间地留住游客，那么东坡源的知名度、美誉度将提升到一个新的层次，游客消费能力将呈几何式增长。鉴于此，建议大力开发“三地”，即东坡休闲地、东坡出生地、东坡初恋地。

东坡休闲地，即新建眉州古城文化旅游景区。笔者建议在东坡岛的对岸，蟆颐观、石埂子水库周边区域，新建“眉州古城”，采用宋代建筑风格，将三苏、八百进士等文化内涵融入其中；在东坡岛与蟆颐观之间，建东坡廊桥，或修建栈道，抑或在两侧铺设廊桥，可完全满足各方面需求。在古城景点布置上，应深入挖掘，可以将苏东坡具有代表性的诗词歌赋等融入古城建设，如临水观江处可取名为“大江东去”，美容美发店可取名“小轩窗”等。

东坡出生地，即东坡区三苏镇陈沟村三苏湖（原名陈沟水库）及其周边。该区域山水相依，风景秀丽，人文资源众多，可以整体开发，融入休闲度假项目，打造眉山旅游发展新亮点。

东坡初恋地，即青神县中岩景区。经过广泛的宣传，东坡初恋地已经广为人知，但是景区开发尚未完善，特别是景区原有底蕴与东坡初恋地似有不太协调的地方。笔者建议可参考成都武侯祠模式，相对武侯祠而言，中岩景区开发难度会小很多，将整个大景区大量注入“东坡初恋”元素即可。

4. 康养地

主要包括“大彭祖”“大康养”“大休闲”文化旅游产品的深度开发。

大彭祖康养包括彭祖山、江口沉银、五湖四海、寿星谷、岷江现代农业产业园等，主要体现健康、养生等方面内容，形成大联动、大格局的综合大发展模式。

大康养主要是从康养出发，形成眉山全域康养大格局。

大休闲是以休闲为目的，形成眉山全域休闲的大形势。

5. 度假区

主要为“三带（岷江文化旅游带、青衣江文化旅游带、原106省道文化旅游带）四湖（黑龙滩、三岔湖、雅女湖）”，有条件的区域，可争创省级乃至国家级旅游度假区。

（二）顾小——一般资源找亮点

眉山文化旅游资源极为丰富，笔者建议在融入大眉山、大成都的基础上，因势利导，寻找亮点，点状吸引，丰富眉山旅游产品。

1. 忠孝

相对而言，忠孝文化旅游资源在眉山稍显弱势，开发的难度也较大，需加强研究，寻找亮点，以丰富眉山旅游产品。

2. 雅

（1）大雅堂文化

大雅堂是“诗、书、义（杜甫诗词、黄庭坚书法、杨素义举）”三绝的体现。笔者十分认同泛化大雅堂文化，形成大雅文化旅游景区，将丹棱城及其周边进行综合打造，形成“一座城就是一个景区”的发展格局。

（2）雅文化

对于雅文化的发源地，洪雅与雅安各执一词。笔者建议：一是放弃争执，另辟蹊径，如洪雅县的瓦屋山原名蜀山，是否可以恢复原名，甚至洪雅县是否可以改为“蜀山县”？二是洪雅与雅安共用雅文化。

（3）会展

紧跟时代步伐，以眉山高等级场馆、酒店为依托，引进会展旅游，特别是体育赛事、博览会等，提升人气，增加眉山知名度。

（4）其他

其他文化旅游资源，应根据实际情况进行综合分析打造，比如：在历史文化名人方面，洪雅的田锡、丹棱的三彭七李、仁寿的虞允文等，都是很有发掘潜力的文化旅游资源；在不可移动文物方面，建筑、摩崖石刻、碑帖等，也可以根据所在地的特色，进行深度开发。

（三）引进——投资开发优中选

文化旅游投资大、见效慢是普遍现象，在引进投资的时候，优化投资结构显得尤为重要。建议引进有实力、有经验、有抱负、有担当的开发商，助力眉山文化旅游发展。

（四）走出——国际视野促发展

文化旅游，是眉山最为亮丽的名片，是眉山吸引力的集中体现。它不是商品，而是每时每刻都在跳动的生命体，它需要资本，需要优秀的内容，需要独特的创意，需要对投放市场精准的了解，更需要懂这座城市、爱这座城市的人用深情去经营。走出去，用国际化的视野看待眉山、发展眉山，用本地特有的文化底蕴包装文化旅游项目、打造文化旅游名片，眉山文化旅游的未来必将更加美好。

可以预见，通过对眉山文化旅游资源的深入挖掘，适时将其转化成社会认可的旅游产品，并形成体系有效推向市场，眉山文化旅游必将腾飞。

参考文献

褚昱辰，2017. 一蓑烟雨任平生：林语堂《苏东坡传》读后感［J］. 青年文学家，26：34.

华静，2020. 发现眉山在眉山［N］. 中国环境报. 2020-12-23（005）.

徐希平，2012. 杜甫、黄庭坚与中国大雅文化论：写在杜甫诞生1300周年暨四川丹棱大雅堂重建时［J］. 杜甫研究学刊，4：23-25.

徐中舒，1982. 论巴蜀文化［M］. 成都：四川人民出版社.

高职学生专业心理求助污名现状研究

——以眉山职业技术学院为例

罗利爽

摘　要

本研究对2 704名高职学生进行问卷调查，结果表明，心理求助污名得分男生显著高于女生，大一学生显著高于大二学生，来自城镇和农村的学生显著高于城市学生，有过求助经历的学生显著高于没有求助经历的学生。笔者建议有针对性地对不同群体通过教育、宣传、接触等途径改善专业心理求助的污名化现状。

关键词

专业心理求助；心理求助污名；高职学生

高职学生面临的学业、人际、就业等压力，使他们成为心理问题的高发群体。眉山职业技术学院2020年下半年心理测评数据显示，在校学生心理健康状况异常检出率达到18.3%，但其中只有极少数学生选择向心理咨询中心求助。既往研究也表明，在检出有中度及以上的心理问题的大学生中，仅有14.41%的学生寻求过专业心理帮助（陈美芳，2016）。很多学者认为，心理求助污名化影响着心理求助意愿。心理求助污名由公众污名和自我污名组成，指个体知觉到社会对寻求专业心理帮助的个体或群体的负面刻板印象（公众污名），内化了这种负面评价，认为自己是失败的、有问题的（自我污名）。为了解高职学生心理求助污名的现状，为高职院校学生心理求助去污名化，提高学生主动求助率提供参考，笔者展开了对高职学生的污名现状研究。

一、对象和方法

1. 对象及基本情况

本研究采用方便取样的方法，用心海系统发放问卷给2019级、2020级学生填写，共发放问卷3 132份，回收有效问卷2 704份，有效回收率为86.3%。被试基本情况见表 1。

表 1　被试基本情况表

变量	类别	人数/人	占比/%
性别	男	676	25
	女	2 028	75
年级	2020 级	1 140	53. 3
	2019 级	1 264	46. 7
生源地	农村	2 125	78. 6
	城镇	414	15. 3
	城市	165	6. 1
系别	师范教育系	1 032	38. 2
	文化艺术系	463	17. 1
	农业技术系	470	17. 4
	商贸旅游系	475	17. 6
	工程技术系	264	9. 8
是否有专业求助经历	是	137	5. 1
	否	2 567	94. 9

2. 工具

采用郝志红和梁宝勇（2011）编制的寻求专业心理帮助的污名量表（SSP-PH），该量表共 10 题，包括自我污名（5 题）和公众污名（5 题）两个维度。量表采用 5 级计分，1 分表示非常不同意，5 分表示非常同意，评分越高表明心理求助污名程度越严重。量表内部一致性系数为 0. 88，各维度评分与总评分的相关系数大于 0. 8，维度间的相关系数为 0. 71，信效度良好。

3. 研究方法

采用 SPSS22. 0 对数据进行统计分析，采用独立样本 T 检验和单因素 ANOVA 检验对不同人口学变量进行差异性检验。

二、结果

1. 高职学生心理求助污名评分

数据显示，研究对象的专业心理求助污名总分平均分为2.22，自我污名平均分为2.43，公共污名平均分为2.00。

2. 不同性别学生的心理求助污名评分比较

把性别作为分组变量，对高职学生心理求助污名得分进行独立样本 t 检验，结果见表2。

表2　不同性别学生心理求助污名的 t 检验

	性别		t	d
	男	女		
	M±SD	M±SD		
心理求助污名	2.26±0.59	2.20±0.54	2.30*	0.24
自我污名	2.43±0.66	2.43±0.63	−0.05	0.28
公众污名	2.09±0.67	1.97±0.59	4.23***	0.27

注：*** $P<0.001$，** $P<0.01$，* $P<0.05$。

由表2可知，男女学生在心理求助污名的总分及公众污名维度的得分差异显著，男生得分均显著高于女生。

3. 不同年级学生的心理求助污名评分比较

把年级作为分组变量，对高职学生心理求助污名得分进行独立样本 t 检验，结果见表3。

表 3　不同年级学生心理求助污名的 t 检验

	年级		t	d
	2020 级	2019 级		
	M±SD	M±SD		
心理求助污名	2.24±0.57	2.18±0.54	2.94**	0.24
自我污名	2.48±0.64	2.37±0.62	4.07***	0.28
公众污名	2.01±0.63	1.99±0.60	1.13	0.27

注：*** $P<0.001$，** $P<0.01$。

由表 3 可知，不同年级学生在心理求助污名的总分及自我污名维度的得分差异显著，大一学生得分显著高于大二学生。

4. 不同生源地学生的心理求助污名评分比较

把生源地作为分组变量，对高职学生心理求助污名得分进行单因素方差分析，结果见表 4。

表 4　不同生源地学生心理求助污名的单因素方差分析

	生源地			F	多重比较
	农村	城镇	城市		
	M±SD	M±SD	M±SD		
心理求助污名	2.22±0.55	2.23±0.57	2.08±0.59	5.50**	3<1，3<2
自我污名	2.42±0.63	2.48±0.62	2.32±0.71	3.67*	3<1，3<2
公众污名	2.02±0.60	1.99±0.65	1.83±0.62	6.95***	3<1，3<2

注：*** $P<0.001$，** $P<0.01$，* $P<0.05$。

由表 4 可知，不同生源地学生的心理求助污名总分、自我污名和公众污名得分均存在显著差异。事后比较发现，城镇和农村学生的心理求助污名总分、自我污名和公众污名得分显著高于城市学生，城镇学生与农村学生各项得分均不存在显著差异。

5. 不同系别学生的心理求助污名评分比较

把系别（师范教育系、文化艺术系、农业技术系、商贸旅游系、工程技术系）作为分组变量，对学生心理求助污名得分进行单因素方差分析，结果显示在系别之间心理求助污名得分不存在显著差异。

6. 有专业求助经历和没有专业求助经历学生的心理求助污名评分比较

把专业求助经历情况作为分组变量，对高职学生心理求助污名得分进行独立样本 t 检验，结果见表5。

表5 有专业求助经历和无专业求助经历学生心理求助污名的 t 检验

	专业求助经历情况		t	d
	有	无		
	M±SD	M±SD		
心理求助污名	2. 49±0. 69	2. 20±0. 54	5. 99 ***	0. 48
自我污名	2. 71±0. 71	2. 42±0. 63	5. 47 ***	0. 55
公众污名	2. 26±0. 81	1. 98±0. 59	5. 18 ***	0. 53

注：*** $P<0.001$。

有专业求助经历的高职学生在心理求助污名总分及各维度的得分差异极显著，有专业求助经历的高职学生在心理求助污名及各维度得分均显著高于没有专业求助经历的学生。

三、讨论

1. 高职学生心理求助污名的总体情况

从统计数据可以看出，高职学生心理求助污名平均值为2. 22，说明高职学生对心理求助污名程度中等偏低。从维度得分看，自我污名得分高于公共污名得分，这与程刚（2016）、秦忠梅（2019）等人的研究结果一致，说明大学生对心理求助的自我污名程度较公众污名更严重。原因可能是在年龄、学业成就等方面同质性高的群体中，求助心理咨询可能会让大学生更加怀疑自我价值和能力，认为自己是失败的、有问题的。

2. 高职学生心理求助污名在人口学变量上的差异分析

数据显示，男生心理求助污名的总分及公众污名得分显著高于女生，这与以往的研究结果一致（郝志红 等，2011）。这可能与社会文化对性别角色的期待有关，社会文化期待下的男性是坚强的、独立的，而女性则是柔弱的、依赖的，所以当男生准备通过心理咨询解决自身问题时，更容易产生即将获得更多的负面社会评论的预估，从而面临更大的心理压力。

从年级来看，大一学生心理求助污名的总分及自我污名维度的得分显著高于大二学生，这与秦忠梅（2019）等人的研究不一致。一般认为，随着学生升入高年级、融入各类学生团体，身份角色更多，受到外界的影响更大，体验到的心理求助污名更甚。就目前数据结果来看，可能的原因之一是大一新生融入新环境时会更加注重自己的形象管理，想要塑造健康、向上的形象，所以更担忧因为心理求助而遭到负面评价；可能的原因之二是新生入校后会进行心理普测，之后会对有潜在心理问题的学生进行约谈，学生对普测及约谈的不完全了解会引发负面的猜测，认为接受心理约谈或心理咨询的学生是存在严重心理问题、需要重点关注的学生，从而加重心理求助的污名化。

从生源地来看，来自城镇和农村的学生心理求助污名总分及各维度得分均显著高于城市的学生，说明农村和城镇的学生在寻求心理帮助方面体会到了更多的污名，这与以往的大部分研究结果一致。可能的原因是城乡教育资源分布不均，城市学生不管是在学校教育层面还是社会文化层面，对心理健康教育及心理咨询的接触更多、偏见更少，所以接受度也更高。

从系别来看，来自不同系部的大学生不存在显著差异，说明污名化情况各系部之间差异不大。

从是否有求助经历来看，有过求助经历学生的心理求助污名总分和各维度得分均显著高于没有求助经历的学生，这与以往的研究不一致。以往研究认为，有求助经历的大学生对专业心理帮助有更深入和准确的认识，所以污名程度更低。而本研究数据显示，有求助经历的学生在心理求助方面存在更严重的污名，可能的原因是有求助经历的学生本身被心理问题困扰，他们更加在乎别人的评价，而外界极有可能对他们的非议也更多，所以强化了他们心理求助的污名；另外也可能和被试构成有关。本次研究只收集到少部分有求助经历的学生数据，有求助经历与无求助经历的被试数量差距悬殊，数据构成对分析结果也造成了一定的影响。

四、结论

高职学生的专业心理求助污名化程度仍有较大的改善空间，专业心理求助自我污名较公众污名更为严重，应该通过教育、宣传、接触等各种途径不断改善心理求助污名化现状。同时，数据结果提示我们还需继续探究学生心理求助率低的其他原因。

在开展有关心理求助及心理健康的教育与宣传工作时，对不同群体应该体现针对性和特殊性，如有针对性地对大一新生群体、男生群体、城镇和农村学生群体、本身存在心理问题的学生群体等加强宣传教育力度，有针对性地引导预备寻求心理帮助的学生建立相关的、更正确的自我评价。

参考文献

陈美芳，2016. 护理学专业本科生心理求助、应对方式与心理健康状况的关系研究［D］. 天津：天津医科大学.

程刚，2016. 自我污名影响专业求助态度：自尊复杂性的研究［D］. 太原：山西大学.

付联，宁维卫，2020. 成人心理求助污名与专业心理求助态度的关系［J］. 四川精神卫生，33（5）：462-466.

郝志红，梁宝勇，2011. 寻求专业性心理帮助的污名问卷在大学生人群中的修订［J］. 中国心理卫生杂志，25（9）：646-649.

郝志红，梁宝勇，2015. 心理求助的污名与行为意向的关系：态度的中介作用［J］. 中国临床心理学杂志，23（6）：1133-1136.

秦忠梅，2019. 大学生心理求助污名、个人成长主动性与专业心理求助态度的关系及沙游干预研究［D］. 桂林：广西师范大学.

正面管教在中职学生管理中的应用研究

李卓桃

摘　要

正面管教是美国教育家尼尔森（Jane Nelsen）提出的教育理念，倡导对学生既不惩罚也不娇纵，弃二者之短而采其所长，既有向上的和善，也有惩罚的坚定，而剔除了娇纵的无规矩和惩罚的过分严厉。这样才能培养出学生自律、承担责任、合作以及自己解决问题的能力。针对中职学生的特点，本文探讨如何在中职学生管理中应用正面管教，促进学生在态度、情感、信念等各方面的健康成长。

关键词

正面管教；中职学生管理；应用

一、问题的提出

四川省 2020 年中等职业教育工作视频会议谈到，目前四川省中职学生和普高学生的比例基本上已经达到 4∶6。按照教育部要求，今后高中阶段职普招生比例要达到“大体相当”。由此可以看出，中职教育已经成为职业教育的重要组成部分。但是社会对职业教育认可度不高，进入中职学校对很多家长和学生来说是一种无可奈何的选择。在他们眼里，上中职学校的学生大多学习成绩不好，考普通高中无望。学习能力较差，自我管控力较差，行为习惯差，是社会对中职生的普遍看法。

2019 年，国务院印发《国家职业教育改革实施方案》，可以看出，国家越来越重视职业教育，并逐步打通中职到高职、本科甚至研究生的通道，从某种角度来讲，中职教育的质量也直接影响职业教育的质量。中等职业教育总体呈良性发展趋势，但不可否认的是，中职学生存在厌学、精神空虚、感恩缺失、心理失衡、行为极端等现象，这些问题是当今中职学生教育管理中面临的严峻问题。职业教育培养要满足经济社会对高素质劳动者和技能型人才的需要。《国家中长期教育改革和发展规划纲要（2010—2020年）》提出，关心每个学生，促进每个学生主动地、生动活泼地发展，尊重教育规律和学生身心发展规律，为每个学生提供适合的教育；努力培养造就数以亿计的高素质劳动者、数以千万计的专门人才和一大批拔尖创新人才。党的十九大报告也指出，要全面贯彻党的教育方针，落实立德树人根本任务。可见，中职学校在培养学生职业技能的同时，还肩负着培养学生道德品质的重任。新形势下德育及其管理工作的基本思路，应是针对当前中职学生群体的基本特征和人才成长的新要求，坚持正面管教，调动学生的上进动力，培养其自律精神，努力促进其自我教育能力的增长。

二、正面管教概述

正面管教是美国教育家尼尔森提出的教育理念。这是她通过教育实践总结出的一种教育管理方式。这种管理方式倡导对学生既不惩罚又不骄纵，而是和善与坚定并行，在相互尊重与鼓励中培养学生的生活品格和社会技能，引导其成为对自己负责、对他人负责、对社会负责的人。正面管教有五个重要原则：一是帮助学生建立归属感与价值感；二是相互尊重与鼓励；三是长期有效；四是着重解决问题，培养学生的社会技能与生活技能；五是帮助学生挖掘他们的潜力。正面管教的关键在于在相互尊重与合作中与学生建立亲密关系。正面管教理念表达了对学生人格的尊重，尊重学生的主体地位，尊重学生的心理发展规律，是一种科学有效的民主教养方式。

在正面管教的理念下，学生要参与到实际问题的解决中，以尊重、合作作为基础保障，将自身主观能动性发挥出来。教师要接受学生存在的问题与不完美；学生要参与问题的解决，不是出于被动，如被惩罚或者被奖励。同时，教师还要采用合理方式，帮助学生寻找归属感以及自身价值，帮助学生学会自我控制，促使各类问题都能够得到更好的解决，为学生未来发展打下基础。

三、中职学生管理现状分析

在学校管理中，有些中职学校的工作以“严”字当头，严管、高压、威慑，如果学生出现错误，就会被严厉批评指责，因此，很多学生不敢反抗，只能默默承受，尽管自己有想法，也不敢与老师进行交谈。学生表面上很听话、守规矩，却当面一套，背地里一套，阳奉阴违。有些学校只重视知识技能教育，而弱化素质素养教育、边缘化学生行为习惯养成教育。这些管理模式不仅影响学生德智体美劳全面发展，而且师生之间无法形成良好的关系，对学校顺利开展教学工作造成较大阻碍。

出现这样的管理现状，究其根本，在于日常的教育模式与学生特点不相符合。教师应采取恰当的教育模式，走进学生内心，学会站在学生的立场和角度思考问题，多给予学生宽容与理解，研究学生在青春叛逆期的特点，不单纯批评和奖励，让学生在形成良好的自我认识的基础上，培养其对自己的正确认识以及对教师和家长的认可和信赖。

四、正面管教在中职学生管理中的应用

（一）一视同仁，平等对待

苏霍姆林斯基曾说：“教育的核心，就其本质来说，就在于让学生始终体验到自己的尊严感。”一位成功的教师一定要懂得尊重学生、平等对待学生，一定要会深入细致地了解学生的天然禀赋及个性特点，在此基础上因材施教，给他们一个广阔自由的发展空间。只有尊重学生的人格和自尊心，平等地对待每一个学生，坚持“以生为本”的思想，才能使学生在学习和生活中有安全感和尊

严感。中职学生来自不同的家庭，认知能力、情绪情感、个性心理存在差异，在正面管教中，教师要平等对待每一位学生，给予每一位学生关注与重视。对于后进生，教师在积极鼓励的同时，还要善于发现他们身上的闪光点，不断提升他们的自信心。

在学生教育管理中，学生犯错时，教师的普遍做法是批评指责。中职学生有强烈的自尊心，直接批评指责会对他们的心理造成影响。为避免此类情况出现，教师可以找学生谈话，了解学生为什么做错事情，然后给予正确引导，而不是一味指责；要心平气和地与学生进行交谈，动之以情，晓之以理，让学生能够意识到自身的错误，并及时进行改正，这样才能达到良好管理效果。如果教师采用强硬的语气与简单粗暴的处理方法，就只会适得其反。

同时，教师积极利用课后活动搭建平台，为学生提供展示机会。有的学生动手能力强，有的学生艺术特长突出，有的学生专业技能拔尖，教师要善于发现每个学生的优势和特长，开展不同形式的第二课堂活动、专业技能比赛等，让学生在锻炼中成长，感受教师的关怀。

（二）理智应对，暂停冲突

中职学龄阶段的学生恰好处于青春期，非常敏感。教师应该清醒地认识到青春期学生的心理特点，尊重他们的感受，理解他们在遇到不满和不平之事时，出现的突发性情绪失控。

在正面管教的应用中，要将矛盾冲突积极暂停。遇到问题，教师与学生都要冷静，这对于问题的处理有着积极意义。如果教师与学生都处于不冷静与不理智的状态，那么问题可能会被恶化，使得教师与学生之间的关系更加紧张，甚至造成更为严重的后果。针对犯错误的学生，教师可以进行“冷处理”，冷静下来并且放平心态才能正视问题。沟通是构建和谐师生关系的基础，只有沟通到位，师生之间才能做到相互理解、相互融合。而沟通是一个渐进的过程，师生只有通过各种活动和交往，进行情感联络及信息交流，才能化解矛盾，增进理解，减少冲突的发生。

（三）主动关心，积极鼓励

教育是心灵的艺术。在师生相互尊重与合作中，教师的态度应该是和善的，要用和善的语言以及温和的方式表达对学生的爱、理解与接纳。鼓励学生是一个持续的过程，是对学生自主性的肯定，能给学生带来的积极的自我评价并能激发学生的前进动力，使他们保持一种持续的积极向上的状态。

在正面管教中，教师要积极鼓励表扬学生，帮助学生树立自信心，促使学生形成健全人格。在学习过程中，很多情况下学生只有在获得成功时才能得到老师的表扬与鼓励，成绩不好时，有的教师不仅不鼓励，还会批评学生。这会对学生的自尊心以及自信心造成很大影响，有些学生可能会因此一蹶不振，对学习丧失信心，这对于学生的成长无疑是致命的。

因此，在正面管教方式下，教师要细致观察学生，找到学生的优点与闪光点，利用恰当的时机积极鼓励表扬学生，同时还要正确引导，促使学生正确认识自身优势与不足，为其未来的发展提供保障。

五、结语

正面管教倡导不惩罚、不骄纵，而要尊重学生的人格，尊重学生的自主意识，重视学生的优点与可塑性，使学生的潜能得到更好的释放，从而使其变得更加强大和独立，发挥自主性和创造性。教育是一门艺术，在教育过程中，教师要正视学生的行为，言传身教，用正确的管理方式照亮学生前行之路！

参考文献

陈美琳，2020. 心理健康教育融入中职学生管理工作的模式思考［J］. 花炮科技与市场，2：90.

袁洁，马建富，2020. 新时代中职学生管理定位和属性的再认知与实现路径［J］. 中国职业技术教育，19：66-71.

朱丽，2020. 论孟子和荀子人性理论对中职学生管理的启迪［J］. 知识经济，12：157，159.